EVA-MARIA MORA

AKTIVIERUNG DER GÖTTLICHEN KRAFT

EVA-MARIA MORA

AKTIVIERUNG DER GÖTTLICHEN KRAFT

Lichtvolle Hilfe für den Übergang
in die neue Zeit

Ansata

MIX
Papier aus verantwortungsvollen Quellen
FSC® C083411
FSC www.fsc.org

Verlagsgruppe Random House FSC® N001967
Das für dieses Buch verwendete
FSC®-zertifizierte Papier *Schleipen Werkdruck*
liefert Cordier, Deutschland.

Ansata Verlag
Ansata ist ein Verlag der Verlagsgruppe Random House GmbH

ISBN 978-3-7787-7371-0

Zweite Auflage 2013

Redaktion: Dr. Juliane Molitor
Abbildungen: Reinert & Partner, München
Einbandgestaltung: Guter Punkt, München – Andrea Barth
Gesetzt aus der 10,7 / 14,5 Punkt Berling
von Christine Roithner Verlagsservice, Breitenaich
Druck und Bindung: CPI – Clausen & Bosse, Leck
Printed in Germany

Ich danke allen irdischen und geistigen Lehrern,
die mich auf meinem Weg begleitet haben.
Dieses Buch ist ihnen gewidmet.

Inhalt

Vorwort

Mit diesem Buch begeben Sie sich auf eine Reise, die in Ihrem eigenen Umfeld beginnt und auf der Sie lernen, Ihr Bewusstsein Schritt für Schritt zu erhöhen. Sie werden auf dieser Reise einerseits einiges loslassen müssen, aber Sie werden auch reich beschenkt werden, vor allem mit Informationen darüber, wie Sie Ihre Welt mit der Ihnen innewohnenden Gotteskraft positiv verändern und zum aktiven Mitschöpfer werden können. Sie werden erkennen, dass die Schlüssel, nach denen Menschen zu allen Zeiten suchten, gar nicht verloren waren. Viele dieser Sucher haben große Anstrengungen unternommen, und manch einer hat wie Indiana Jones viele Abenteuer erlebt, doch die wenigsten haben gefunden, wonach sie suchten und sind am Ende enttäuscht und mit leeren Händen zurückgekehrt. Sie haben nämlich vergessen, in ihren eigenen Taschen beziehungsweise in ihrer eigenen Seele nachzuschauen.

Dazu haben Sie jetzt Gelegenheit, denn mit diesem Buch als Wegweiser begeben Sie sich auf eine Reise nach innen. Und es ist mehr als wahrscheinlich, dass Sie auf dieser Reise verborgene Schätze entdecken: Ihre eigene Kraft und Ihre eigenen Fähigkeiten und Talente.

Es ist möglich, dass Sie zeitweise die Buchseiten verlassen und sich in einer anderen Welt wiederfinden, die parallel existiert. Vielleicht führt Ihre Bewusstseinsreise Sie in frühere Leben und an andere Orte: nach Ägypten, zu den Maori, den Maya, den Indianern Nordamerikas, zurück in Ihre Zeit als Heiler, Priester, Medizinmann, Druide, weise Frau ... Vielleicht treffen Sie Engel, Naturwesen, Einhörner und andere geistige Wesen ... Vielleicht reisen Sie in die Zukunft, auf andere Planeten, in unbekannte Galaxien ... All das ist im Feld der Möglichkeiten enthalten. Lassen Sie es ruhig geschehen.

Ich erzähle in diesem Buch auch von meiner eigenen Bewusstseinsreise und plaudere ab und zu »aus dem Nähkästchen«. Meine eigenen Erlebnisse sind jedoch nur als Inspiration gedacht und können Ihnen vielleicht zeigen, dass wir alle Höhen und Tiefen erleben und auf diese Weise dazulernen. Sie werden Ihren Weg in Ihre eigene Kraft finden – auf spielerische Weise und auch, wenn Sie im Moment noch nicht rational erfassen können, wie das genau vor sich gehen soll. Es gibt keine Rezepte und Kopiervorlagen für den spirituellen Weg, doch die Helfer aus der geistigen Welt stehen uns jederzeit als Wegbegleiter zur Verfügung.

Die wertvollen Erfahrungen, die ich auf meinem Weg gemacht habe, und die Schätze, die ich von meiner Reise mitgebracht habe, teile ich gern mit Ihnen.

Ich danke von Herzen für das Vertrauen, das Sie in mich setzen.

Phoenix, Arizona, im März 2009 *Eva-Maria Mora*

Die Phase des Lichts

Wie wir den Schlagzeilen der Medien entnehmen können, verändert sich die Welt um uns herum derzeit dramatisch. Schreckensnachrichten über zusammenbrechende Wirtschaftssysteme, Naturkatastrophen, Hungersnöte, mögliche Terroranschläge und weitere Kriege lösen weltweit eine Welle der Angst und Verunsicherung aus. Und vielleicht fragen auch Sie sich: Wie werden sich all diese Veränderungen auf mein Leben auswirken? Was wird aus mir und meiner Familie? Wie passe ich mich am besten der sich verändernden Situation an? Gibt es etwas, das ich selbst tun kann? Können mir vielleicht die Engel helfen?

Oder ist das alles nur Panikmache? Letztendlich nicht mehr als eine »Erfindung« der Medien?

Verändert sich unsere Welt wirklich?

Ja und nein. Ja, Angst und Schrecken zu schüren ist wirklich eine Lieblingsbeschäftigung der Medien. Nein, in diesem Fall handelt es sich wohl kaum um eine reine Erfindung oder starke Übertreibung, denn viele alte Kulturen verweisen auf unsere Zeit als eine Zeit des großen Wandels, der Dunkelheit und der Reinigung, die der Geburt einer neuen Welt vorausgeht. Die Hopi-Indianer glauben aufgrund vieler, bereits eingetretener Zeichen, dass das Ende der vierten und der Beginn der fünften Welt unmittelbar bevorstehen. Auch die uralten Überlieferungen der Ägypter, der Tibeter, der Inder, der Maori, der australischen Aborigines, der Kabbalisten und der Essener stimmen in diesem Punkt erstaunlich genau überein.

In den heiligen Schriftrollen der Essener, die 1945 in den Höhlen von Qumran am Toten Meer wiederentdeckt wurden, ist von einem »Krieg der Söhne des Lichts gegen die Söhne der Dunkelheit« die Rede. Das ist eine treffende Beschreibung für das, was in unserer heutigen Welt geschieht. Die erfreuliche Tatsache ist, dass das

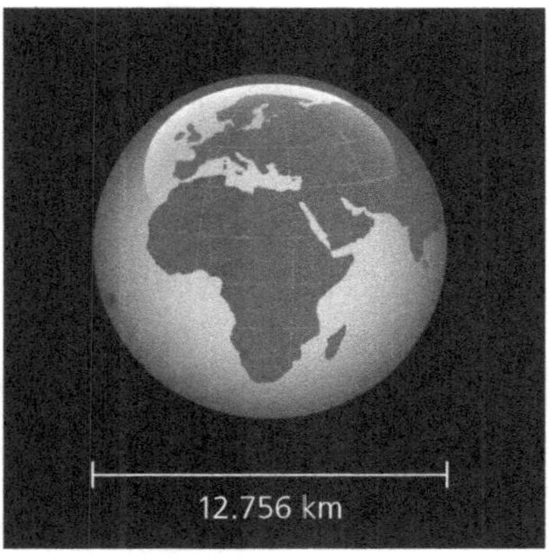

Die Erde

Licht immer stärker wird, und das möchte ich Ihnen im Folgenden genauer erklären:

Am Ende des Jahres 2012, genauer gesagt am 21. Dezember 2012, findet ein sehr seltenes kosmisches Ereignis statt, von dem unsere Erde und somit wir alle betroffen sind. Wir wissen, dass sich die Erde innerhalb von 365 Tagen einmal um die Sonne dreht.

In unserem Sonnensystem gibt es zahlreiche andere Planeten, die sich um unsere Sonne drehen.

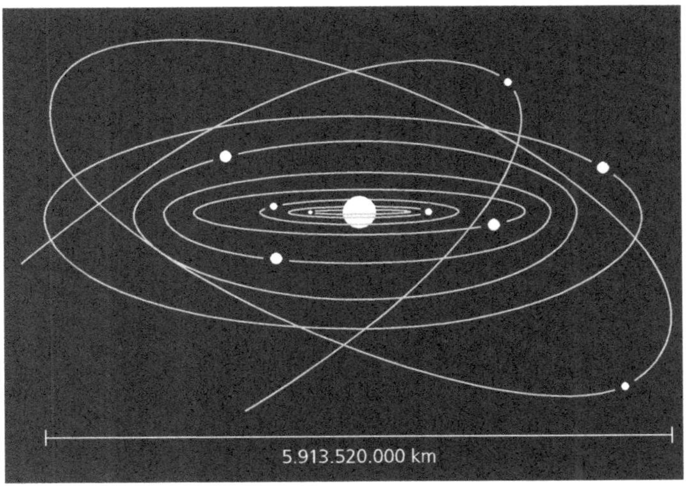

Das Sonnensystem

Unser Sonnensystem ist ein Teil unserer Galaxie, der Milchstraße, und liegt dort in relativer Nähe (440 Lichtjahre = 4 180 Milliarden km entfernt) zu den Plejaden, einem offenen Sternenhaufen, der von der Erde aus mit bloßem Auge zu erkennen ist.

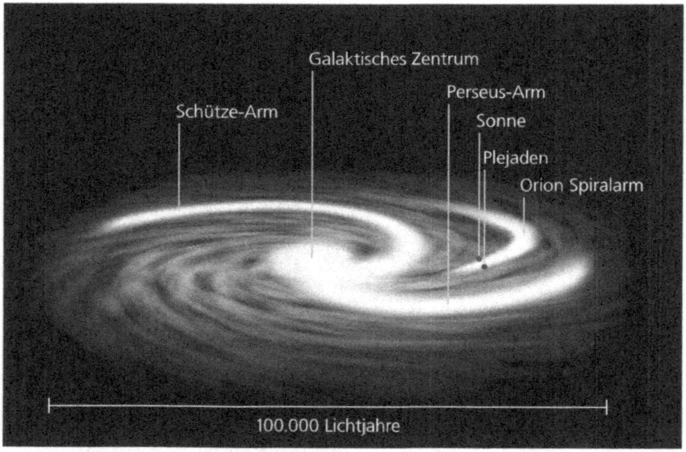

Die Lage des Sonnensystems und der Plejaden in der Milchstraße

Ein Lichttor öffnet sich

Im Zentrum dieses Sternenhaufens liegt Alkione, der hellste Stern der Plejaden, der manchmal auch als Zentralsonne bezeichnet wird. Alle Planeten unseres Sonnensystems drehen sich um Alkione, wobei eine vollständige Umdrehung 26 000 Jahre dauert. Während dieser 26 000 Jahre passiert das Sonnensystem zweimal den Photonengürtel, der die Plejaden umgibt. Dies dauert jeweils etwa 2000 Jahre und wird als *Phase des Lichts* bezeichnet. Auf eine Phase des Lichts folgen jeweils 11 000 Jahre, die als *Phase der Dunkelheit* bezeichnet werden. 2012 treten wir aus einer Phase der Dunkelheit in eine Phase des Lichts ein.

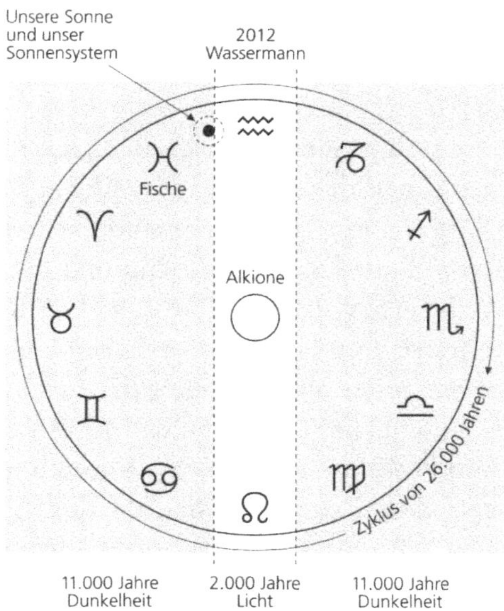

Die Phase des Lichts

Auf der Abbildung von Seite 17 kann man erkennen, dass unser Sonnensystem 2012 in das Sternbild Wassermann eintritt. Das bezeichnen wir als den Übergang vom Fische- zum Wassermann-Zeitalter. Im Wassermann-Zeitalter geht es um spirituelles Erwachen und um die Erkenntnis, dass wir alle miteinander verbunden sind.

Im Dezember 2012 endet aber noch ein weiterer interessanter Zyklus: Alkione und unser Sonnensystem liegen auf einer Linie mit dem Zentrum unserer Galaxie. Das kommt nur alle 225 Millionen Jahre einmal vor.

Diese seltene Konstellation bewirkt, dass hohe, pulsierende Lichtenergien/Photonen direkt auf die Erde und ihre Bewohner treffen. *Es ist, als ginge ein großes Lichttor für uns auf.*

Photonen sind kleinste, strahlende Lichtteilchen von unendlicher Lebensdauer. Sie sind ständig in Bewegung, und zwar immer mit Lichtgeschwindigkeit. Photonen sind einerseits Bausteine der Materie und haben andererseits Welleneigenschaften. Damit stehen ihnen und allen materiellen Schöpfungen sämtliche Möglichkeiten des Verhaltens offen. Was bedeutet das für uns? Es bedeutet, dass nichts in Stein gemeißelt ist. Auch Vorhergesagtes und Prophezeites können wir durch unser Verhalten sowie durch unsere Gedanken und Emotionen beeinflussen. Wir müssen uns nicht mit allem abfinden, was passiert. Ganz im Gegenteil. Mit guter Vorbereitung und lichtvoller Unterstützung schaffen wir uns ganz bewusst eine eigene neue Welt.

Die Bewusstseinsentwicklung der Menschheit und ihr Verhalten wird entscheiden, was bis 2012 und danach geschieht.

Werfen wir einen kurzen Blick zurück in die Geschichte unseres Planeten. Bei den Maya und in anderen alten Kulturen hielt man 2012 deshalb für so wichtig, weil in alten Aufzeichnungen festgehalten war, was nach Ablauf der vorangegangenen Zyklen auf der Erde passiert war. Wenn wir etwa 225 Millionen Jahre zurückgehen, sind wir in der Zeit, in der die Dinosaurier die Erde bewohnten. Wenn wir zwei Zyklen zurückgehen, also 450 Millionen Jahre, sind wir in dem Zeitalter, in dem sich Pflanzen und andere Lebewesen aus dem Wasser auch auf der Erde ausbreiteten. Vor drei Zyklen, also vor 675 Millionen Jahren, entwickelten sich mehrzellige Organismen aus Einzellern.

Sicher erkennen Sie bereits das Muster: Nach Ablauf eines jeden 225 Millionen Jahre dauernden Zyklus kann man signifikante Schübe in der Evolution der Erde und ihrer Bewohner erkennen.

Wenn wir die 26 000 Jahre dauernden Zyklen betrachten, stellen wir fest, dass es am Ende eines Zyklus beziehungsweise am Anfang eines neuen immer große Veränderungen gab. Gehen wir beispielsweise vier Zyklen zurück (bis etwa 100 000 v. Chr.), landen wir bei den Anfängen von Lemurien. Wenn wir nur zwei Zyklen zurückgehen (bis etwa 50 000 v. Chr.), befinden wir uns in der Anfangszeit von Atlantis.

In der Spätzeit der atlantischen Zivilisation (etwa 8 000 bis 11 000 v. Chr.) passierte das Sonnensystem den Photonengürtel im Zeichen des Löwen. Auch damals standen den Menschen intensive Lichtenergien zur Verfügung. Wie Sie vielleicht wissen, war Atlantis eine hoch entwickelte Zivilisation. Die Menschen hatten herausragende Fähigkeiten und verfügten über ausgereifte Technologien, doch viele missbrauchten ihre Macht und nutzten ihre Fähigkeiten, um Kontrolle über andere auszuüben, beispielsweise durch Genmanipulation, Klonen, Einsatz von Nuklearkraft und so weiter. Kommen Ihnen diese Themen bekannt vor?

In der Phase des Lichts führen solche Verhaltensweisen unweigerlich zum Untergang wie dem von Atlantis, dessen Bewohner sich letztlich selbst zerstört haben.

Alle Strukturen, die auf Ausbeutung, Machtausübung und negativem Ego beruhen, werden um 2012 und in den darauf folgenden Jahren keinen Bestand mehr haben.

Entscheiden Sie selbst, ob Sie das persönlich für eine gute oder schlechte Nachricht halten.

Aus meiner Sicht wartet etwas Wunderbares auf uns:

die Geburt einer neuen Welt. Wird es in diesem Zusammenhang Veränderungen geben? Ganz bestimmt, die gibt es durch jede Geburt. Wenn Sie Kinder haben oder in Ihrem Umfeld eine Geburt erlebt haben, wissen Sie, dass anschließend nichts mehr so ist, wie es vorher war. Und das ist gut so!

Die Herausforderung für die Menschheit wird darin bestehen, Altes und Gewohntes loszulassen, damit etwas Neues empfangen werden kann.

Der Übergang wird uns allen leichter fallen, wenn wir uns gut auf die Geburt der neuen Welt vorbereiten, beispielsweise indem wir unsere Ängste überwinden und auf unsere naturgegebenen Fähigkeiten vertrauen. Es stehen uns ganz sicher Veränderungsprozesse bevor, die man auch als Einweihungen bezeichnen könnte. Manche Situationen, mit denen wir uns auseinandersetzen müssen, mögen unerwartet und schmerzhaft sein, doch in Wahrheit sind es nur die Geburtswehen einer neuen Welt. Das kommende Wassermannzeitalter ist die Ära des spirituellen Erwachens, in Indien spricht man vom »goldenen Zeitalter«. Aufgrund der hohen Lichtenergien werden immer mehr Menschen spirituell erwachen und sich darüber bewusst werden, wer sie eigentlich sind und warum sie auf diese Erde kamen.

Durch die Aktivierung unseres eigenen Potenzials haben wir die Möglichkeit, einen positiven Wandel für unseren Planeten herbeizuführen.

Die Seele eines jeden Menschen ist wie der Same einer Pflanze, in dem alle wichtigen Informationen gespeichert sind. Wir alle haben in verschiedenen Inkarnationen viele Einweihungsprozesse durchlaufen, und unsere Seelen wurden lange auf die heutige Zeit vorbereitet. Die bedeutende Zeit des Wandels, die bis zum Jahr 2012 und darüber hinaus stattfindet, ist eine Art Reifeprüfung der Seele. Und wie jede Prüfung ist auch diese leicht, wenn man gut darauf vorbereitet ist.

Das wohl Wichtigste, was wir für diese Prüfung wissen müssen, ist, dass uns allen eine grenzenlose göttliche Kraft innewohnt, die uns uneingeschränkt zur Verfügung steht.

Wenn es Ihnen gelingt, sich dieser Kraft bewusst zu werden und sie zu aktivieren, kennen Sie die Antworten auf alle Fragen, und alles ist heil.

TEIL 1

BEWUSSTWERDUNG

»Man kann einen Menschen nichts lehren,
man kann ihm nur helfen,
es in sich selbst zu entdecken.«

GALILEO GALILEI

Schicksalsschläge, Prüfungen oder Einweihungen

Um die eigene göttliche Kraft und die damit verbundenen Fähigkeiten wiederzuentdecken, haben sich Menschen in allen Zeitepochen bewusst herbeigeführten Einweihungsprozessen und den damit verbundenen Prüfungen unterzogen. Dies fand in der Regel unter der Aufsicht eines spirituellen Lehrers statt. Der Übergang in die neue Zeit ist ebenfalls mit Prüfungen und Veränderungen verbunden, doch oft fehlt die Möglichkeit, mit einem kompetenten Gesprächspartner darüber zu sprechen und die Bedeutung vermeintlicher Schicksalsschläge zu verstehen. Nichts in unserem Leben passiert einfach nur so. Es ist auch kein Zufall, dass Sie dieses Buch in Ihren Händen halten. Ihre Seele und Ihre Engel haben Sie damit in Verbindung gebracht. Es gibt für uns alle Hilfsmittel, Zeichen und Muster, die uns den Weg durch die Höhen und Tiefen unseres Lebens weisen. Unsere Aufgabe ist es, sie zu erkennen und anzunehmen. Auch in einem Einweihungsprozess ist ein Muster erkennbar. Es besteht im Wesentlichen aus vier Schritten, die in diesem Kapitel erklärt werden:

1. Bewusstwerdung
2. Transformation
3. Tod und Geburt
4. Wachstum

Bitte vergessen Sie nicht, dass Sie jetzt in diesem Moment und zu jeder Zeit Unterstützung aus der geistigen Welt bekommen. Sie sind nicht allein. Ihre Engel und himmlischen Lehrer sind immer bei Ihnen und begleiten Sie auch beim Lesen dieses Buches.

Halten Sie nun einen Moment inne, bevor Sie weiterlesen. Visualisieren Sie, wie Sie sich mit diesem Buch und Ihren lichtvollen Begleitern ganz bewusst in einen goldenen Energiekokon zurückziehen. Dieser Kokon hüllt Sie ganz ein. Sie fühlen sich wohl und geschützt wie eine Raupe, die sich gerade verpuppt hat und sich nun in ihrem Kokon zu einem wunderschönen Schmetterling entwickelt.

VORBEREITUNG AUF DIE ÜBUNGEN IM BUCH:
Halten Sie genügend Wasser oder Kräutertee sowie ein leeres Heft und einen Stift bereit. Setzen oder legen Sie sich gemütlich hin, und halten Sie dieses Buch in der Hand. Einfach dort aufgeschlagen, wo Sie gerade sind. Schließen Sie vor jeder Übung kurz die Augen, und atmen Sie mehrfach tief ein und aus. Entspannen Sie sich. Gehen Sie dann mit Ihrem Bewusstsein in Ihr Herz, und nehmen Sie

dort ein goldenes Licht wahr. Dehnen Sie Ihr eigenes Licht mit jedem Atemzug aus, bis es nicht nur Ihren ganzen Körper, sondern auch Ihren Energiekörper, Ihre Aura füllt. Bitten Sie nun Ihre geistigen Helfer dazu. Sehen und spüren Sie den goldenen Kokon, der Sie umgibt. Entspannen Sie sich.

Schritt 1: Bewusstwerdung

Jeder Mensch muss in jeder Inkarnation verschiedene Prüfungen bestehen, und das Leben gibt uns viele Gelegenheiten dazu. In diesem Kapitel möchte ich Ihnen bewusst machen, dass durch vermeintliche Schicksalsschläge tiefe seelische Prozesse ausgelöst werden, die eine wichtige Bedeutung für unsere weitere Entwicklung haben. Das Interessante daran ist, dass wir uns diese Prüfungen oder Einweihungsprozesse auf der Seelenebene selbst ausgesucht haben, bevor wir in dieses Leben kamen. Und auch wenn sich die wenigsten bewusst daran erinnern werden – dies ist eine Spielregel des Lebens auf diesem Planeten, die ich auch gern das Spiel des Vergessens nenne. Bei den Lichtkindern ist es anders. Sie erinnern sich sehr genau, was sie hier auf der Erde tun wollten und was sie in den letzten Leben gemacht haben.

Alle, die dieses Buch lesen, und auch alle, die es nicht lesen, aber gegenwärtig auf diesem Planeten leben, haben beschlossen, rechtzeitig hier zu inkarnieren, damit sie die spannende Zeit um 2012 auf jeden Fall miterleben und mitgestalten können. Das ist Teil unseres Seelenauftrags.

Viele Menschen wissen zwar grundsätzlich etwas über den Seelenauftrag, können sich aber nicht an ihren eigenen erinnern. Das macht ihnen Kummer, und sie haben Angst zu versagen oder nicht gut genug zu sein. Kommt Ihnen das bekannt vor? Hier kann ich schon vorab Entwarnung geben: Sie können Ihren Seelenauftrag gar nicht verpassen. Aber er mag anders aussehen, als Sie es sich vorstellen.

Wenn Sie beispielsweise »nur« einen kleinen Kräutergarten bewirtschaften und aus Ihrer Sicht gar nichts Besonderes tun, ist dies vielleicht bedeutender, als Sie ahnen. Vielleicht sind Sie sich gar nicht bewusst, dass Sie dadurch den Devas, Feen und Naturwesen einen geschützten Lebensraum bieten. Diese Naturwesen können für das Gleichgewicht und die ökologische Entwicklung auf dieser Erde sehr bedeutend sein. Zum Teil verfügen sie über größere Kräfte, als die Menschen es sich vorstellen können. Sie regieren im Reich der Pflanzen und können dazu beitragen, dass bestimmte Pflanzenarten, Tiere und Organismen weiterexistieren oder eben nicht.

Die Naturwesen melden sich gerade ganz spontan. Sie haben folgende Botschaft für Sie: *»Bitte versorgt uns weiter mit eurer Liebe. Wir brauchen die Unterstützung der Menschen. Wir werden euch helfen, Heilmittel für die*

Krankheiten zu finden, die in eurer Zeit noch nicht geheilt werden können. Unterstützt unseren Lebensraum, und wir werden euren Lebensraum erhalten. Wir kommen zu euch in friedlicher Absicht und werden euch unterweisen, wie ihr auf schonende Weise Genuss, Freude und Gesundheit erlangt.«

Es mag auch sein, dass Sie die Vorstellung haben, etwas ganz Spektakuläres tun zu müssen, um die Menschheit zu retten. So ist es aber nicht. Es ist viel wichtiger zu verstehen, dass alles, was Sie tun oder sagen, eine Auswirkung auf das ganze Universum hat, weil Sie ein Teil davon sind. Jeder Mensch ist vergleichbar mit einem Teil eines großen, göttlichen Puzzlespiels. Alle Teile sind gleich wichtig. Sie sind alle miteinander verbunden, und jedes hat seinen Platz. Bitte vergleichen Sie sich nie mit anderen »Puzzleteilchen«, die an ihrem jeweiligen Ort gut aufgehoben sind, doch es ist ganz bestimmt nicht Ihr Platz. Leider ist es weit verbreitet, mitunter neidvoll auf den Platz eines anderen Menschen zu schauen und über sich selbst zu denken, man sei nicht gut genug, das zu tun, was andere tun. Es ist auch fatal, zu glauben, dass es der andere an seinem Ort viel besser hat als man selbst. Dadurch entstehen viele innere und äußere Konflikte. Das wiederum führt zu großer Unzufriedenheit, schwierigen Lebenssituationen und möglicherweise zu Krankheiten.

Bei vielen Menschen entstehen diese irrtümlichen Glaubenssätze und Verhaltensmuster schon im Sandkasten. Man will das haben oder sein, was andere sind, ohne den eigenen Selbstwert und die eigene Einzigartigkeit zu erkennen. Die Konflikte und Minderwertigkeitsgefühle nehmen zu, wenn man sich auch als Erwachsener nicht bewusst ist, wer man in Wirklichkeit ist.

Das Wichtigste, was die Menschen tun können, ist, ehrlich zu sein, lautet die Botschaft, die mir meine Engel gerade übermitteln. Damit ist gemeint, dass Sie sich zu Ihrem eigenen Wohl von all den energetischen Schichten befreien sollen, die wie ein alter Mantel verdecken, was Sie in Wirklichkeit sind. Die meisten Menschen funktionieren nur oder spielen eine Rolle, von der sie denken, sie sei wichtig oder bringe ihnen Wohlstand und andere Vergünstigungen. Ehrlichsein bedeutet in diesem Zusammenhang, sich von allem zu befreien, was nicht Ihr wahres Selbst ist.

Damit sind wir schon einen Schritt in die richtige Richtung gegangen. Es geht zunächst um Bewusstwerdung und darum herauszufinden, wer wir wirklich sind. Denn erst wenn wir das herausgefunden haben, können wir unseren Seelenauftrag ganz bewusst erfüllen.

Ein anderes Beispiel: Wenn Ihre Eltern studiert haben und eine »wichtige« Rolle in der Gesellschaft spielen, bedeutet das auf gar keinen Fall, dass Sie in ihre Fußstapfen treten müssen. Wenn es Ihr größter Wunsch ist, um die Welt zu segeln und weder Abitur noch Studium zu absolvieren, dann tun Sie es! Sie haben Ihren eigenen Platz im göttlichen Puzzlespiel. Vielleicht führt Ihr Weg

Sie nach Afrika, und Sie spüren tief in Ihrer Seele, dass dort eine wichtige Aufgabe auf Sie wartet.

Wenn Sie nun sagen »Ich spüre gar nichts und habe auch keine Ambitionen, die Welt zu retten«, ist daran auch nichts auszusetzen. Es könnte jedoch sein, dass Sie deshalb nichts spüren, weil andere oder Sie selbst Ihr wahres Ich unterdrückt haben. Regeln, Vorschriften, gesellschaftliche Wertesysteme und entsprechende Mechanismen wie einerseits Verurteilung und Strafe oder andererseits Anerkennung und Liebe beeinflussen unser aller Leben. Es ist oft schwer herauszufiltern, was der eigene Selbstausdruck ist und was unterbewusst gesteuerte Verhaltensweisen sind, die eingesetzt werden, um Liebe und Anerkennung zu bekommen. Danach sehnen sich alle Menschen. Deshalb scheint es zunächst angenehmer und bequemer, sich anzupassen, eine Rolle zu spielen und eine entsprechende Maske zu tragen. Das ist eine weitverbreitete Vermeidungstaktik, und gleichzeitig ist es eine Illusion, die wie eine Seifenblase zerplatzen kann. Das Tragen eines »Schutzmantels« ist der ängstliche Versuch, mögliche Kritik und Strafe zu vermeiden, die oft dann droht, wenn wir einfach nur so sein wollen, wie wir sind.

Wenn uns nun der alte gewohnte »Mantel« durch eine bestimmte Lebenssituation weggenommen wird, wird es immer zunächst ungemütlich. Die Unsicherheit wächst und die unter dem »Mantel« verborgenen Ängste (die Angst, nicht gut genug zu sein, nicht akzeptiert oder geliebt zu werden und so weiter) tauchen wieder auf. Lebenssituationen, die wir als Krise bezeichnen, zwingen uns dazu, unser bisheriges Leben genauer zu betrachten. Doch das ist keine Strafe, sondern eine Chance, uns bewusst zu werden, wer wir sind, was wir machen wollen und wo unser Platz im göttlichen Puzzlespiel wirklich ist.

Jede Notsituation bietet die große Chance zur Erneuerung.

Ich erinnere mich noch gut an das Gefühl der Demütigung und Verunsicherung, das ich empfand, als ich zum ersten Mal in meinem Leben beim Arbeitsamt vorstellig werden musste. Nach Abschluss meines Doppelstudiums hatte ich gleich eine tolle Position in einer renommierten Unternehmensberatung bekommen. Ein paar Jahre später war ich international gefragt, und man bot mir an, bei einer noch größeren Beratungsgesellschaft in Paris zu arbeiten. Ich nahm an. Nun bekam ich wichtige Aufträge und ging als Top-Management-Beraterin in den Vorstandsetagen der Großkonzerne ein und aus. Meine Woche hatte mindestens 80 Stunden, in denen ich oft kreuz und quer durch Europa jettete. Dabei fühlte ich mich mit meinen 27 Jahren sehr bedeutsam und identifizierte mich voll mit der Firma und dem, was auf meiner Visitenkarte stand.

Und dann, ganz plötzlich und unerwartet, passierte es: Die Firma wurde in ihre Einzelteile zerlegt und verkauft. Ich hatte die Wahl zwischen einer Position in Singapur oder Arbeitslosigkeit in Deutschland. Das war ein großer Schock für mich – ein Schicksalsschlag, wie ich damals dachte. Heute weiß ich, dass mir der Teppich nur deshalb unter den Füßen weggezogen wurde, damit ich erkennen konnte, dass ich nicht bin, was auf meiner Visitenkarte steht. Den mitleidigen Blicken meiner Leidensgenossen auf dem Flur des Arbeitsamtes konnte mein mühsam aufgepäppeltes Ego allerdings nur im Designer-Business-Kostüm standhalten, mit der klassischen Aktentasche auf den Knien, an der es sich krampfhaft festhielt. Es dauerte zwar nicht lange, bis mir aufgrund meiner Qualifikation eine neue Position angeboten wurde, doch mein doppelt diplomiertes Berufsego hatte definitiv einen ersten großen Knacks bekommen.

In den darauf folgenden zehn Jahren ging ich durch zahlreiche Prüfungen, inklusive der Geburt meines Kindes und einer lebensbedrohlichen Krankheit. Und weitere Facetten meiner Ego-Identität bröckelten ab. Schließlich wurde ich zu meinem Glück gezwungen, denn ich musste in kürzester Zeit alles loslassen, womit ich mich bis dahin identifiziert hatte. Im Jahr 2000 ließ ich meine Familie, meine Karriere, mein Haus, mein Heimatland – einfach alles – hinter mir und flog mit zwei Koffern nach Arizona. Ich hatte meine Gründe. Als ich in den USA ankam, war ich niemand mehr.

Dass nach diesem großen Loslassen immer noch einige Ego-Facetten aufmuckten, merkte ich spätestens, als ich in den stickigen, überfüllten Räumen der amerikanischen Einwanderungsbehörde von Phoenix, Arizona, saß. Dort waren die meisten meiner »Kollegen« mexikanische Arbeiter oder Flüchtlinge aus Krisengebieten. Unter Hunderten war ich die einzige blonde, blauäugige Person, die sich während der stundenlangen Wartezeiten nichts sehnlicher wünschte als eine Business Class für Einwanderer. Doch die gab es nicht. Ich war nicht mehr als eine A-Nummer und lernte, demütig zu sein und Mitgefühl zu haben mit den Schicksalen anderer Menschen. Es gab Tausende hoffnungsvolle Einwanderer, die wegen einer Greencard und später wegen der US-amerikanischen Staatsbürgerschaft auf eine harte Geduldsprobe gestellt wurden. Viele wurden auch einfach wieder des Landes verwiesen.

Acht Jahre lang bin ich durch unvergessliche und sehr lehrreiche Prozesse gegangen. Meine stolze deutsche Ego-Facette gab irgendwann im Laufe der Jahre erschöpft auf, und mir wurde in der Wüste Arizonas immer mehr bewusst, wer ich in Wirklichkeit bin beziehungsweise was meine Seele ist.

Ihre persönliche Ego-Transformation wird sicher anders ablaufen, denn jede Seele kreiert unterschiedliche Herausforderungen und Lebenssituationen, die sie bereits vor dieser Inkarnation in ihren Plan aufgenommen hat. Ich bezeichne diese schwierigen Lebenssituationen nicht als Schicksalsschläge, sondern als die neuzeitliche Form von Einweihungen, die beispielsweise mit Arbeitslosigkeit, einer Trennung, einer schweren Krankheit etc. beginnen. In solchen Situationen sind wir gezwungen, unsere Ego-Identitäten infrage zu stellen, um sie durch Bewusstwerdung zu transformieren. In den alten Mysterienschulen vieler spiritueller Traditionen ging es genau darum, diese Prozesse wurden absichtlich herbeigeführt. Nicht umsonst mussten die Novizen alles Weltliche hinter sich lassen, bevor sie in eine Klostergemeinschaft aufgenommen wurden. In einem meiner Lieblingsbücher – *Das Felsenkloster* von Ti Tonisa Lama – wird dies sehr anschaulich geschildert. Die Geschichte beruht auf einer wahren Begebenheit aus dem alten Tibet, und sie beginnt mit der Übung des Loslassens. »Zieh das an«, bedeutete der Lama, »… dieser abgetragene, zerrissene Umhang ist ein Symbol der Demut, eine der ersten Eigenschaften, die von jedem Novizen dieses Klosters verlangt wird« (*Das Felsenkloster*, Seite 72).

Wie mich meine eigene Erfahrung gelehrt hat, ist Demut tatsächlich eine der wichtigsten Eigenschaften auf dem spirituellen Weg – eine Eigenschaft, die man auch unbedingt beibehalten sollte, nachdem man die ersten Prüfungen bestanden hat. Wenn man auf dem späteren Lebensweg erneut Erfolge hat, ist es ganz leicht möglich, dass man die Demut wieder vergisst. Gerade in der Phase des Lichts bekommt das neue »Ego-Gewächs«

dann ziemlich schnell eine umso heftigere Lektion. Denn die Seele hat den Auftrag, uns an Demut und Liebe zu erinnern.

Wer zu jeder Zeit zu hundert Prozent in der Energie der Liebe ist – also tiefe Liebe für sich selbst, für die Mitmenschen und für alles, was ist, empfindet –, braucht keine weiteren Einweihungen mehr. Ein solcher Mensch ist im Einheits- oder Gottesbewusstsein angekommen.

Die Auseinandersetzung mit den Elementen

In den ägyptischen Mysterienschulen mussten die Neophyten (Neulinge) unter anderem eine Reihe von körperlichen Prüfungen bestehen, die mit den vier Elementen Luft, Erde, Wasser und Feuer in Verbindung standen. In den Einweihungsprozessen der indianischen Tradition und bei vielen Naturvölkern spielen die vier Elemente ebenfalls eine wichtige Rolle.

Diese Elemente werden Ihnen bei der DNS-Lichtcode-Aktivierung am Ende dieses Buches wieder begegnen. Denn auch dabei handelt es ich um einen Einweihungsprozess, den Sie mithilfe der Erzengel selbst durchführen können.

Luft: Zunächst wurde der Neophyt dem Element Luft in Form von Wind ausgesetzt, und das war in der Wüste eine harte Prüfung, besonders wenn ein Sandsturm tobte. Das Element Luft verkörpert die Verkündigung neuen Wissens. Demnach wurde hier vor allem geprüft, ob der Kandidat wirklich bereit war, neues Wissen aufzunehmen.

Erde: Anschließend musste der Neophyt unterirdische Gänge durchstreifen und sich dort, nur mit einer kleinen Öllampe ausgerüstet, allein zurechtfinden. Diese Gänge waren oft mehrfach ineinander verschachtelt und teilweise miteinander verbunden. Er musste den Ausgang aus diesem Labyrinth finden, um sich schließlich selbst wieder von der Erde zu befreien. Mit diesem Gang durch die Unterwelt bereitet er sich auf den Wiedereintritt in die profane Welt vor, aus der er gekommen ist. In den Mysterienschulen war dieser Wiedereintritt oft an das Versprechen gebunden, alles, was der Neophyt dort unten erfahren hatte, wie ein Geheimnis zu wahren. Hinzu kam die Verpflichtung, das neue Wissen in den Alltag zu integrieren.

Wasser: Nun wurde der Neophyt mit dem Element Wasser vertraut gemacht. Das heißt, er wurde dem Wasser ausgesetzt und musste sich selbst wieder daraus befreien. Eine Variante dieser Prüfung fand in einem künstlichen Schwimmbecken statt. Der Kandidat wurde angewiesen, kopfüber in das Becken zu tauchen und in der Tiefe nach dem Ausgang zu suchen. Wenn er nach oben ins Licht schaute, sah er, dass es an der Wasseroberfläche inzwischen von Krokodilen wimmelte. Natürlich hatte er Todesangst. Doch ihm blieb nichts anderes übrig, als noch tiefer in die Dunkelheit einzutauchen. Am Beckenboden angelangt konnte er schließlich einen Mauerabsatz ertasten und darin ein Loch, das sich zu einem Kanal öffnete, durch den er sicher wieder nach oben gelangte. Das Element Wasser ermöglicht eine geistige Wiedergeburt. In der Auseinandersetzung mit dem Wasser geht es darum, die bisherige Geisteshaltung zu überdenken beziehungsweise alte Ängste zu überwinden. Dies war unabdingbar, wenn sich der Kandidat auf eine höhere und subtilere Ebene der Wahrnehmung und des Begreifens der irdischen und geistigen Welt begeben wollte.

Feuer: Hatte der Neophyt das Wasser gemeistert, wurde er mit dem Feuer konfrontiert, das ihm in den verschiedensten Varianten dieser Prüfung den Weg versperrte. Der Kandidat musste durchs Feuer gehen, um neuen Boden betreten zu können. Feuer symbolisiert die Transformation des Alten und die darauf folgende Erneuerung.

Natürlich erforderte das Meistern der vier Elemente viel Mut und die Auseinandersetzung mit den eigenen Ängsten. Ein Zurück gab es nicht, denn die Eingänge zu den Prüfungsorten wurden verschlossen, sobald die Prüfung begonnen hatte.

Im alten Ägypten mussten nicht nur die vier Elemente beherrscht werden, sondern auch die Fähigkeit, etwas vorauszusehen, zu prophezeien und zu heilen. Das war im Leben des Volkes und vor allem für den Pharao sehr wichtig. Natürlich brauchte man gute Nerven, um dem Pharao gegenüber die Wahrheit so auszudrücken, dass sie – auch wenn sie für ihn nicht angenehm war – angenommen werden konnte.

Gerade auf der Schwelle zur neuen Zeit ist es für alle Menschen hilfreich und sinnvoll, ihre angeborenen Fähigkeiten wiederzuentdecken und zu nutzen. Es ist leichter, eine drohende Krise zu überstehen, wenn man die Anzeichen dafür erkennen und rechtzeitig entsprechende Maßnahmen ergreifen kann. Bei einer gesundheitlichen Krise eines Familienmitglieds kann man zum Beispiel ganz gezielt helfen, wenn man weiß, wie man die entsprechende Person mit Heilenergien unterstützen kann. Ein Berufs- oder Wohnortwechsel kann mithilfe einer gut ausgebildeten Intuition wesentlich einfacher vonstatten gehen. Durch den Prozess der Bewusstwerdung und durch Aktivierung der göttlichen Kraft sind wir in der Lage, bewusste Mitschöpfer unseres Lebens zu sein. Darauf werde ich später noch detailliert eingehen.

Alten Prophezeiungen zufolge häufen sich in der Zeit um 2012 Einweihungen und Prüfungen für die gesamte

Menschheit. Wenn dem wirklich so ist, werden wir in unterschiedlichen Lebenssituationen genügend Gelegenheiten bekommen, diese Prüfungen zu bestehen. Wie wir sie jeweils meistern, hängt davon ab, wie bewusst jeder Einzelne von uns ist.

DIE VIER ELEMENTE

Schreiben Sie die folgenden Fragen in Ihr Heft, und finden Sie Ihre persönlichen Antworten:

Wozu dienen Wirbelstürme? Welchen Sinn haben Tsunamis und andere Überschwemmungen, Erdbeben und Waldbrände?

Wie zeigt sich das Wirken der vier Elemente in diesen Naturkatastrophen?

Es könnte gut sein, dass Sie schon einige Begegnungen mit den Energien der vier Elemente hinter sich haben oder gerade mitten in einer sind. Manche Veränderungen können Ihnen aber auch nur vorkommen wie die Auswirkungen eines Erdbebens. Vielleicht sieht Ihr Leben gerade so aus, als sei ein Wirbelsturm hindurchgefegt, oder eine »Flut von Arbeit« bricht über Sie herein.

Notieren Sie:

Haben Sie unmittelbare Erfahrungen mit den vier Elementen gemacht?

Welche Erlebnisse haben sich angefühlt, als hätten die Energien der vier Elemente ihre Spuren hinterlassen?

Wie mir die Engel bestätigt haben, ist es ein Privileg für jede Seele, in dieser Zeit auf der Erde inkarniert zu sein. Auf der Erde bieten sich die besten Gelegenheiten zur schnellstmöglichen Entwicklung. Deshalb sind Sie hier!

Die Erde ist eine Eliteschule für Seelen.

Schritt 2: Transformation

Stellen Sie sich vor, man würde Sie irgendwo in der Wüste aussetzen, allein in einem fremden Land, wo Sie keiner kennt. Ohne Wohnung, ohne Auto, ohne Telefon, ohne Geld, ohne Beruf, ohne Partner, ohne die Kinder, ohne Familienangehörige, Freunde, Haustiere …

Keine Angst, das wird niemand mit Ihnen tun oder von Ihnen verlangen. Sie haben sich hoffentlich eine milde Version von Einweihungsprozess ausgesucht. Die Engel haben mir bestätigt, dass es für manche Menschen ausreichen kann, die in diesem Buch enthaltenen Übungen zu machen. Das ist der schnellere und leichtere Weg.

LOSLASSEN

1. Fertigen Sie eine Liste der Rollen und Dinge an, die Ihre Identität ausmachen. Zum Beispiel: Vater oder Mutter sein, berufliche Position, soziale Stellung, Mitgliedschaft in Clubs und Vereinen, Eigentum, Geld etc.

Was und wer gehört unbedingt zu Ihrem Leben?
Wovon könnten Sie sich auf gar keinen Fall trennen?

2. Bevor Sie nun die folgende, etwa 15 Minuten dauernde Meditation machen, erneuern Sie ganz bewusst Ihren goldenen Kokon (siehe Seite 26/27). Dann bitten Sie die Engel und Ihre geistigen Helfer, Ihnen bei diesem Prozess zu helfen. Gehen Sie Ihre Liste Punkt für Punkt durch, und nehmen Sie sich einen nach dem anderen vor. Sie können diese Übung auf mehrere Male verteilen. Machen Sie sie keinesfalls oberflächlich oder im Schnelldurchlauf. Es ist nämlich wichtig, jeden einzelnen Schritt tief wirken zu lassen. Sonst wird Ihnen das Leben früher oder später umso deutlicher zu erkennen geben, wo noch Ego-Anhaftungen sind.

Schließen Sie die Augen. Atmen Sie tief ein und aus. Entspannen Sie sich. Machen Sie Ihren Kopf ganz leer. Lassen Sie sich Zeit, bis Sie ganz tief entspannt sind …

Wie in einem ganz realen Traum radieren Sie den ersten Punkt mit einem großen, goldenen Radiergummi von Ihrer Liste. Atmen

Sie dabei kräftig ein und aus. (Es ist wichtig, dass hier ein tiefer, energetischer Transformationsprozess stattfindet.) *Bitten Sie die Engel, Sie von den limitierenden Energien dieser weltlichen Anhaftung zu lösen. Sehen Sie nun vor Ihrem geistigen Auge, wie der erste Punkt langsam von der Liste verschwindet. Gleichzeitig lösen sich die damit verbundenen energetischen Anhaftungen. Sie legen diese Teil-Identität ab wie einen alten Energie-Mantel. Spüren Sie, wie sich Ihr alltägliches Leben ohne die einschränkenden Energien dieser Identität anfühlt.*

Verweilen Sie ein paar Minuten in diesem Zustand. Lassen Sie sich nun von den Engeln in eine Zeit zurückbringen, in der Sie erfolgreich loslassen gelernt haben. Vielleicht war es in einem alten tibetischen Kloster, in Ägypten, Atlantis oder auf einem anderen Planeten. Aber vielleicht ist es auch noch gar nicht so lange her. Lassen Sie alle Bilder zu, die in Ihrer Seele gespeichert sind. Und wenn Ihnen dabei alte Schmerzen bewusst werden, bitten Sie die Engel um Heilung in alle Richtungen der Zeit ...

Lassen Sie nun einige Minuten lang ein helles goldenes Licht auf sich scheinen, und laden Sie Ihren Körper damit auf. Spüren Sie die Erleichterung, die damit verbunden ist. Ein ganz warmes Gefühl der Liebe durchströmt Sie. Sie sind sich bewusst, dass Sie durch die Energie der Liebe mit allem, was ist, verbunden bleiben. Sie sind sich bewusst, dass Sie selbst die Energie der Liebe sind.

Zum Schluss geben Ihnen die Engel ein neues energetisches Gewand, das sich ganz leicht anfühlt und lichtvoll strahlt. Bedanken Sie sich bei der geistigen Welt, und kehren Sie langsam wieder ins Wachbewusstsein zurück.

Hatten Sie eigentlich gar keine Lust, diese Meditation zu machen? Spürten Sie Widerstand? Das ist häufig der Fall. Ähnlich wie die ersten Yoga-Übungen vom Körper oft als unangenehm empfunden werden, können diese Übungen für das Ego unangenehm sein – je nachdem, wie kooperativ, hartnäckig oder stur die jeweilige Ego-Identität ist. Es ist den wenigsten Menschen möglich, alles auf einmal loszulassen. Machen Sie diese Meditation also so oft wie nötig.

Zur Erklärung dieser Übung, möchte ich Ihnen noch ein Beispiel geben: Nehmen wir einmal an, Sie identifizieren sich mit Ihrer Rolle als Mutter. Wenn Sie diese Übung gemacht haben, bedeutet es nicht, dass Sie sich von nun an nicht mehr um Ihre Kinder kümmern. Im Gegenteil: Dadurch dass Sie die mit dieser Rolle verbundenen limitierenden Energien gelöst haben, geben Sie sowohl Ihrem Kind als auch sich selbst die Möglichkeit, sich frei zu entfalten und das eigene, göttliche Potenzial zu leben. An die Stelle von Angst und Kontrolle tritt Freiheit und Liebe. Diese Freiheit ist ein Bedürfnis auf der Seelenebene. Sie ist nötig, um den eigenen Seelenauftrag zu erfüllen. Die Übung ist wichtig, damit sich diese Freiheit nicht erst in einem Familiendrama erkämpft werden muss. Emotionalen Verletzungen kann so vorgebeugt werden, denn unfreiwilliges Losreißen ist schmerzhafter als freiwilliges Loslassen.

Ich darf Sie an dieser Stelle daran erinnern, dass für uns alle der letzte Tag kommt, an dem wir unsere Wohnungen, unsere Autos, unsere Angehörigen und auch unseren physischen Körper zurücklassen müssen. Und je leichter Ihnen gerade diese Übung jetzt fällt, desto wahrscheinlicher ist es, dass Ihnen entsprechende Prüfungen im Alltag erspart bleiben. Hier geht es lediglich um den Tod des Egos, und ich garantiere Ihnen, dass Sie für Ihren Mut belohnt werden.

Schritt 3: Tod und Geburt

Der wichtigste Prozess, der uns in der Phase des Lichts bevorsteht, ist der Tod der Ego-Energien, dem immer eine Geburt folgt und dann das Wachstum in einer neuen Lebensphase. Es ist stets das Ego, das ganz laut schreit und sich über all die vermeintlichen Missstände und Katastrophen in dieser Welt aufregt, ohne deren tieferen Sinn zu erkennen. Das Ego fühlt sich von lichtvollen Energien in die Ecke gedrängt, denn es besteht in erster Linie aus Angst und vorgefertigten Meinungen – aus Dunkelheit, dem Gegenteil von Licht, Liebe und Toleranz. Das Ego krallt sich an allem Gewohnten fest, an alten Glaubenssätzen, Mustern und Programmen. Es hat noch nicht gelernt loszulassen. Es wehrt sich. Es hat Todesangst, denn es könnte in der Tat überflüssig werden und sich buchstäblich in Luft auflösen – eine Horrorvorstellung.

Woraus das eigene Ego besteht, findet man unter anderem heraus, indem man seine eigenen Ängste und Glaubenssätze analysiert. Oft beruhen diese Ängste einfach auf früheren Verletzungen, die noch nicht geheilt sind.

ANALYSE DER EIGENEN ÄNGSTE

Schreiben Sie die folgenden Fragen in Ihr Heft und versuchen Sie, Antworten darauf zu finden:

1. *Wovor habe ich am meisten Angst?*
2. *Gibt es irgendwelche Zeichen, die darauf hindeuten, dass das Befürchtete eintritt?*
3. *Habe ich ähnliche Erfahrungen schon einmal gemacht?*
4. *Haben meine Eltern ähnliche Situationen schon einmal erlebt?*
5. *Worin besteht die eigentliche Gefahr?*
6. *Welche Schicksalsschläge gibt es in unserer Familiengeschichte?*

Wenn Ihre Antwort auf Frage 1 darauf hindeutet, dass Sie ganz viele Ängste aus unterschiedlichen Bereichen haben (Beruf, Finanzen, Familie, Partnerschaft, Gesundheit etc.), machen Sie bitte eine oder mehrere Listen. Wir kommen später noch einmal ausführlich auf diese Angst-Analyse zurück. Halten Sie auch in den nächsten Tagen immer etwas zum Schreiben bereit, und notieren Sie alle Ängste, die sich in den unterschiedlichsten Situationen, auch beim Fernsehen, melden.

Notieren Sie auch die Ängste Ihrer Eltern, Ihrer Großeltern und der anderen Familienmitglieder. Warum? Das Leben Ihrer Vorfahren und Familienmitglieder hat großen Einfluss auf Ihre eigenen Emotionen, Glaubenssätze und unterbewussten Programme. Die damit verbundenen Energien sind vergleichbar mit einem intensiven, unangenehmen Geruch, der sich verbreitet und auf Sie übergeht. Und genau wie Ihre Kleidung noch lange beispielsweise nach Zigarettenrauch oder altem Bratfett riecht, bleibt auch die Energie der Angst in Ihrem Energiekörper.

Im energetischen Sinne gibt es keinen Tod und keine Geburt.

Die Energien unserer Vorfahren sterben nie. Wir erben sie, ob wir wollen oder nicht. Wir tragen dieses Erbgut in unserer DNS. Und solange diese Energien nicht transformiert werden, leben sie in unseren Zellen weiter und beeinflussen, welche Erfahrungen wir im Leben machen. Je nachdem, was unsere Vorfahren erlebt haben, können bei uns auf der Zellebene Reaktionen auslöst werden, die leicht zu körperlichen Beschwerden, Unfällen, Leid, Verlust, Schmerzen und Krankheiten führen.

Doch mithilfe der Engel ist es möglich, die Energien der traumatischen Erfahrungen aufzulösen, die unsere Vorfahren und Familienmitglieder an uns weitergegeben haben. Diese Energien werden auch als »Familienkarma« bezeichnet, das Sie jedoch nicht länger belasten sollte, denn die nachfolgende Meditation hat nicht nur Auswirkungen auf Ihr jetziges Leben (Ihre Gegenwart), sondern auch auf Ihre Vergangenheit und damit auf Ihre Zukunft und die Zukunft Ihrer Kinder. Als Vorbereitung auf die neue Zeit empfehlen uns die Engel, mit leichtem Gepäck zu reisen. *Travel light* lautet ihre Botschaft.

Versetzen Sie sich an einem ruhigen, angenehmen Ort, wo Sie längere Zeit ungestört sind, in einen tiefen Entspannungszustand. Lassen Sie sich Zeit dafür …

Stellen Sie sich nun vor, dass Erzengel Gabriel zu Ihnen kommt und Sie begleitet. Er geht mit seinem hellen Licht voran, während Sie sich Stufe um Stufe immer tiefer in einen unterirdischen Gewölbekeller begeben. Es ist das Archiv Ihrer Familie. Hier lagern die Seelenpläne Ihrer Angehörigen. Sehen Sie, wie sich das Gewölbe in einen linken und in einen rechten Gang aufteilt. Im linken Gang befinden sich die Seelenpläne Ihrer Mutter und Ihrer Vorfahren mütterlicherseits, im rechten die Ihres Vaters und seiner Vorfahren. Die Gänge sind lang und die Aufzeichnungen gehen Hunderte oder sogar Tausende von Jahren zurück.

Gehen Sie mit Ihrem Bewusstsein in Ihr Herz. Dort liegt eine helle Lichtkugel. Stellen Sie sich nun vor, dass Sie diese Lichtkugel in den Händen halten. Sie strahlt kraftvoll und dehnt sich aus, bis sie etwa so groß ist wie eine Bowling-Kugel. Atmen Sie tief ein und aus, und visualisieren Sie, wie sich diese Kugel teilt. Nun haben Sie zwei neue Lichtkugeln, eine in jeder Hand. Die Kugel in Ihrer linken Hand wird alle Energien der Angst und des Leids transformieren, die durch die Ahnenlinie Ihrer Mutter entstanden sind. Die Kugel in Ihrer rechten Hand bewirkt das Gleiche für die Ahnenlinie Ihres Vaters.

Atmen Sie ein weiteres Mal tief ein und aus und sprechen Sie den folgenden Text laut:

> *»Als Lichtträger meiner Familie und mit der mir gegebenen göttlichen Kraft erkläre ich – zum besten Wohle aller – die Verträge meiner Vorfahren, die Leid, Schmerz, Verlust und Ängste als Notwendigkeit für spirituelles Wachstum vorgesehen haben, als nichtig. Ich bitte Gott und die Engel, alle damit verbundenen Energien, Glaubensmuster und Programme zu transformieren und aus meiner DNS zu löschen. Ich erkläre – auch im Namen meiner Familienangehörigen – zum besten Wohle aller, dass spirituelles Wachstum von nun an mit Leichtigkeit und Freude durch die Gnade Gottes und mit himmlischer Unterstützung erfahren wird. Ich erkläre, dass Erfolg alle Fehler ersetzt und dass Mitgefühl und Liebe Unrecht und Schwierigkeiten eliminieren.«*

Nehmen Sie nun die Lichtkugeln und werfen Sie sie, wie beim Kegeln oder Bowlingspielen, eine nach der anderen in den jeweiligen Gang. Die Kugel rollt, wird immer größer und schneller und fliegt schließlich wie ein leuchtender Feuerball durch den Gang mit den Seelenplänen Ihrer Ahnen (erst mütterlicherseits, dann väterlicherseits). Atmen Sie dabei tief ein und aus, und spüren Sie, wie die Energien Ihrer Vergangenheit transformiert werden. Die Lichtkugel rollt durch alle Epochen der Geschichte bis zurück zu den Anfängen.

Sollten Sie ein Problem haben, dies zu visualisieren, bitten Sie Erzengel Gabriel um Hilfe. Sehen Sie, wie Gabriel die Lichtkugel mit seiner Energie verstärkt und Ihren Arm führt, während Sie die Kugel in den entsprechenden Gang werfen. Falls Sie noch mehr Widerstände spüren, zum Beispiel von einem Elternteil, bitten Sie die Engel dieses Elternteils und seiner Vorfahren um Hilfe. Werfen Sie nun eine zweite Lichtkugel in den Gang und sagen Sie dazu: »Ich verzeihe dir und all deinen Vorfahren, dass ihr eure Ängste und euer Leid an mich weitergegeben habt. Es ist nun vorbei.«

Es ist möglich, dass Sie während dieser Meditation gähnen müssen und Ihnen Tränen aus den Augen laufen. Das ist ein Zeichen dafür, dass die Transformation erfolgreich war. Bleiben Sie so lange in dem Prozess, bis Sie erkennen, dass die Gänge und das ganze Gewölbe leer und von goldenem Licht durchflutet sind. Manchmal verbreitet sich am Ende sogar ein angenehmer Rosenduft – ein Zeichen der Engel.

Steigen Sie dann gemeinsam mit Erzengel Gabriel wieder hinauf und danken Sie Gott und Ihren himmlischen Helfern.

Diese Meditation ist sehr kraftvoll und hochwirksam. Sie haben damit die Voraussetzung geschaffen, um nicht nur gegenwärtige, sondern auch zukünftige Wachstumsprozesse in einer für Sie leichten und angenehmen Form zu durchleben.

Schritt 4: Wachstum

Spirituelles Wachstum ist, je nach Seelenvertrag, mit unterschiedlich starken Wachstumsschmerzen verbunden. Und selbst wenn Sie das mit den Schmerzen durch die oben beschriebene Meditation für sich anders geregelt haben, bleibt die Tatsache bestehen, dass Wachstum immer Veränderungen mit sich bringt. Daran können auch die Engel nichts ändern. Diese Veränderungsprozesse finden zunächst im Inneren statt, bevor sich ihre Ergebnisse, scheinbar plötzlich, im Äußeren spiegeln. Unsere gesamte Umgebung ist ein Spiegel. Und wenn Ihnen Ihr Umfeld nicht gefällt, können Sie das nur ändern, indem Sie sich selbst ändern. Fangen Sie bei sich an und nörgeln Sie nicht an Ihren Mitmenschen herum. Das mag zwar naheliegend sein, führt aber, wie Sie sicher schon gemerkt haben, zu keinem zufriedenstellenden Ergebnis. Keine Pflanze wächst schneller oder reift eher, wenn wir daran ziehen. Und auch für das spirituelle Wachstum gibt es eine von der Natur vorgegebene Reihenfolge. Zunächst wird der Samen gesät, dann braucht es Licht, Wasser, vielleicht auch Dünger und natürlich Zeit!

Die besonderen Bedingungen in der Phase des Lichts werden das spirituelle Wachstum und die Bewusstseinsentwicklung auf diesem Planeten enorm beschleunigen. Wasser ist ein Symbol für Emotionen, wobei negative Emotionen die Wirkung von vergiftetem Wasser haben. Sorgen Sie also dafür, dass immer klares, reines Wasser vorhanden ist und die Energie der Liebe fließen kann, indem Sie negative Emotionen transformieren (zum Beispiel mit Quantum-Engel-Heilung). Als Dünger können beispielsweise Bücher fungieren, die Sie auf positive Weise inspirieren. Auch das Unkrautjäten gehört dazu. Das heißt in unserem Fall, dass Sie durch Übungen und Meditationen Unerwünschtes entfernen und den Boden für besseres Wachstum bereiten.

Und noch etwas: In unserer schnelllebigen Zeit wird stets erwartet, dass sich Ergebnisse sofort erzielen lassen. Das amerikanische »Instant-Prinzip« gilt nicht nur für Fertiggerichte und Kakao, nein, alles sollte am besten instantaneously passieren, von einem Moment auf den anderen. Nach diesem Prinzip werden auch Kurse zur Abkürzung des Lichtweges und zur Beschleunigung des spirituellen Wachstums angeboten: Erleuchtung sofort. Das funktioniert nur leider nicht, egal wie dringend es sich der Erleuchtungskandidat auch wünschen mag und egal, wie viel Geld er dafür zu zahlen bereit ist. Wie beim

Hausbau ist auch hier ein solides Fundament unerlässlich. Spiritualität braucht eine gute Erdung, damit der Erleuchtete, wenn es so weit ist, auch im Alltag noch gut klarkommt und nicht irgendwann vor den Trümmern seines Lebens steht. Spiritualität ist keine Flucht aus einem desolaten Alltag. Sie soll vielmehr helfen, Erkenntnisse für das eigene Leben zu gewinnen und dabei festzustellen, worauf man sein Haus gebaut hat – auf Ego-Identität, Verletzungen und Ängste oder auf das Wissen darum, wer man in Wirklichkeit ist, auf Liebe und die Bereitschaft, den eigenen Seelenauftrag zu erfüllen.

Da wir im Alltag manchmal nicht so klar erkennen können, wie es um unser Innenleben wirklich bestellt ist, finden Sie in den nächsten Kapiteln Erklärungen zu den Spiegeln, die das Leben uns vorhält.

Das Leben spricht mit uns – Bewusstwerdung im Alltag

»Wanderkarten für den Lichtweg«, auf denen sämtliche Hindernisse eingezeichnet sind und denen wir genau entnehmen können, welche Prüfungen auf uns warten und wie wir uns darauf vorbereiten können, gibt es leider nicht. Das ist auch gar nicht verwunderlich, denn der spirituelle Weg sieht für jeden Menschen anders aus, und doch lassen sich gewisse Gemeinsamkeiten erkennen: Muster, Zeichen und immer wiederkehrende Themen. Es gibt keine Zufälle. Das Leben spricht ununterbrochen mit uns, in unzähligen Farben, Formen und Tönen.

Doch kein Prophet kann vorhersagen, was die Menschheit nach 2012 erwartet. Das liegt einfach daran, dass es noch nicht entschieden ist. Wir alle üben mit unserem Bewusstsein Einfluss auf das quantenphysische Feld aus, das unzählige Möglichkeiten der Manifestierung beinhaltet. Unsere Gedanken, unsere Emotionen und unser Verhalten bestimmen, was wirklich geschehen wird. Wenn wir rechtzeitig erkennen, was mit uns und in unserem Umfeld geschieht, können wir, wie mit einem Auto, das von der Fahrbahn abzukommen droht, gegensteuern und sicher weiterfahren. Es ist wichtig, dass wir alle stets wach und bewusst am »Steuer unseres Lebens« sitzen und sowohl unsere Intuition als auch alle unsere besonderen Fähigkeiten (z. B. Hellfühligkeit, Hellsichtigkeit etc.) nutzen. Und je öfter man das übt, desto besser klappt es.

Zu diesem Zweck teile ich meine Erfahrungen und mein spirituelles Handwerkszeug mit Ihnen. Dabei beziehe ich mich bewusst auf Beispiele aus dem Alltag, die Ihnen Einblicke in das geben, was um Sie herum wirklich geschieht, was Ihnen bevorstehen könnte, was Sie erwarten könnten, und was Sie selbst, aber auch Ihre Familie, Ihre Freunde und Ihre Klienten tun können.

Lassen Sie mich vorab noch etwas erklären: Während ich dieses Buch schreibe, kommunizieren die Engel mit mir. Sie geben mir immer wieder einfache Analogien, die sogar Kinder verstehen könnten. Manchmal sprechen die Engel direkt (das mache ich im Text ebenso kenntlich wie die Botschaften anderer Licht- und Naturwesen), doch in der Regel zeigen sie mir Bilder, die ich dann in geschriebene Worte übersetze. Auf diese Weise kann die geistige Welt jene Bilder und Energien auch in Ihren Kopf und in Ihr Herz transportieren.

Gerade haben mir die Engel das Bild von am Himmel aufziehenden Gewitterwolken und zunehmendem Wind gezeigt. Gewitterwolken sind ein »Zeichen«, das wir alle ganz einfach deuten können. Wir wissen aus Erfahrung, was es bedeutet: Es wird nicht mehr lange dauern, bis es anfängt zu regnen. Wenn wir gerade einen Grillabend planen, ist die Information, dass es bald regnen könnte, natürlich von großer Bedeutung für uns. Je früher wir

Zeichen und ihre Relevanz für unser Leben erkennen, desto schneller und besser können wir reagieren. In diesem Fall wussten wir vielleicht schon vorher über das Kommen der Wolken Bescheid, weil wir den Wetterbericht (ein äußeres Erkennungssystem) beachtet haben. Dann können wir den Grillabend vertagen.

Indem Sie sich Ihrer Fähigkeiten bewusst werden und sie aktivieren, wird es auch Ihnen gelingen, Zeichen ganz früh zu erkennen und Botschaften richtig zu interpretieren. Das ist die Vorstufe zur Hellsichtigkeit. Wäre es nicht hilfreich, wenn wir all die Zeichen des Lebens deuten könnten, die unsere Umwelt uns spiegelt? Doch was, wenn wir in bestimmten Situationen auf keinerlei Erfahrungen zurückgreifen können und uns auch kein äußeres Erkennungssystem zur Verfügung steht? Wie können wir uns vor den »Gewittern« schützen, die uns in der Zeit des Wandels bevorstehen? Es ist nicht zu übersehen, dass sich auf den Finanzmärkten bereits ein Sturm zusammengebraut hat. Und die wirtschaftliche Lage (besonders der USA) trägt dazu bei, dass diese unfreundliche Wetterfront noch ein wenig anhalten wird. Dies ist definitiv ein Tief. Doch die Gewitter sind notwendig und reinigend, und auf das Tief wird ein weiteres Hoch folgen.

In früheren Zeiten, als die Menschen noch sehr viel mehr Kontakt zu ihrer Umwelt/zur Natur hatten und sich sogar als Teil der Natur empfanden, konnten sie die Zeichen, die diese Umwelt ihnen präsentierte, viel besser deuten. Diese Fähigkeiten sind in der westlichen

Welt weitgehend in Vergessenheit geraten. Wir haben die Sprache der Natur verlernt und verstehen die Botschaften unserer Umwelt nicht mehr. Und weil sich auch unser Lebensraum verändert hat, werde ich Ihnen die Sprache der Umwelt anhand der Dinge erklären, von denen wir alle täglich umgeben sind. Sie können diese vergessene Sprache leicht wieder erlernen, indem Sie auf Zeichen und Botschaften aus Ihrer unmittelbaren Umgebung achten. Durch Aktivierung der DNS-Lichtcodierungen (ab Seite 185) gelangen Sie auf eine höhere Bewusstseinsstufe, auf der Sie wieder spüren können, dass Sie ein Teil von allem sind und dass alles in Ihnen ist. Doch sprechen wir zunächst über die Dinge des Alltags.

Es gibt zwei Alltagsindikatoren, an denen man sehr gut erkennen kann, was im eigenen Leben los ist: das *Auto* und das *Haus* beziehungsweise die *Wohnung*. Dies sind wichtige Schlüssel zu unserem Bewusstsein, vorausgesetzt, wir nutzen sie entsprechend. Wir können an den Zeichen aus unserer Umwelt beispielsweise erkennen, wie es um unser Innenleben bestellt ist, und unser Verhalten dann entsprechend ändern, um uns vor dem zu schützen, was sonst unweigerlich passieren würde. Wenn wir die Frühwarnzeichen um uns herum nämlich nicht erkennen, meldet sich unser physischer Körper umso deutlicher. Wenn wir die Sprache der Umwelt jedoch verstehen, muss es weder zu einer persönlichen Katastrophe noch zu Krankheiten kommen. Wenn wir rechtzeitig erkennen, was um uns herum passiert, können wir entsprechend reagieren. In den seltensten Fällen passieren Dinge aus heiterem Himmel, plötzlich und unerwartet, auch wenn es uns so vorkommen mag. Die Energien, die beispielsweise zu einer Krankheit, zu einem Unfall, zu einer Krise oder zu Verlust geführt haben, haben sich wie ein Tiefdruckgebiet in der Atmosphäre über einen gewissen Zeitraum entwickelt.

Manche Menschen bezeichnen plötzlich eintretende Ereignisse als Schicksalsschläge. So auch die fünfzigjährige Uta. Sie war seit einigen Jahren von ihrem Mann geschieden. Ihre beiden Kinder waren zwar erwachsen, studierten aber noch. Uta bekam keinen Unterhalt und musste sich und ihre Kinder selbst durchbringen. Sie war als Späteinsteigerin ins Berufsleben zurückgekehrt und nun im Außendienst einer Versicherungsgesellschaft tätig. Bei Wind und Wetter fuhr sie zu ihren Kunden. Die Termine lagen oft in den Abendstunden und am Wochenende. Uta hatte monatliche Vorgaben von ihrem Arbeitgeber. Das heißt, eine gewisse Anzahl von Vertragsabschlüssen wurde von ihr erwartet. Und weil sie auf Provisionsbasis entlohnt wurde, setzte sie sich zusätzlich selbst ständig unter Druck, genügend Abschlüsse zu tätigen. In letzter Zeit liefen die Geschäfte immer schlechter, doch Uta nahm sich vor, einfach noch mehr und noch härter zu arbeiten. An einem nebligen Dienstagmorgen passierte es dann: Sie übersah eine rote Ampel und fuhr auf einen anderen Wagen auf. Ihr Auto war vorn komplett zerdrückt, und Utas rechtes Bein war stark gestaucht. In dem anderen, schwarzen Wagen saß ein Mann, der unverletzt ausstieg, Uta aber laut anschrie, beleidigte und wüst beschimpfte. Was war hier geschehen? War es ein zufälliger Schicksalsschlag? (Erläuterungen siehe Seite 76 ff.)

Alltagsanalyse: Auto

Das Auto ist ein Symbol für unseren physischen Körper und unseren Energiekörper. Es ist keineswegs egal, wie groß oder klein es ist, welche Farbe es hat, ob es uns selbst gehört oder auf unseren Partner beziehungsweise Arbeitgeber zugelassen ist, ob es in einem guten Zustand ist oder kurz vor dem Zusammenbrechen steht. Aufschlussreich ist auch, welche Teile möglicherweise nicht funktionieren und ob wir damit beispielsweise in einen Unfall verwickelt waren. Wenn ja, ist von Bedeutung, was bei dem Unfall genau geschehen ist.

Nehmen Sie sich nun einen Stift und ein großes Blatt Papier oder ein Arbeitsheft zur Hand und beantworten Sie die folgenden Fragen. Es macht übrigens mehr Spaß und bringt mehr Selbsterkenntnis, wenn Sie die Erläuterungen zu den Fragen erst lesen, *nachdem* Sie sie beantwortet haben.

22 Fragen zur Selbsterkenntnis

1. Wie oft fahren Sie mit Ihrem Auto durch die Waschanlage?
2. Sind die Scheiben immer sauber?
3. Wie sieht es im Innenraum aus?
4. Ist das Handschuhfach aufgeräumt?
5. Ist der Kofferraum aufgeräumt?
6. Ist das Auto auf Ihren Namen zugelassen?
7. Wann waren Sie zum letzten Mal mit dem Auto in der Werkstatt?
8. Welche Reparaturen sind/waren nötig?
9. Gibt es etwas, das momentan nicht funktioniert?
10. Ist der TÜV abgelaufen?
11. Springt Ihr Auto immer gleich an?
12. Wann war der letzte Ölwechsel?
13. Klemmt eine Tür? Klemmen mehrere Türen?
14. Wie groß ist Ihr Auto?
15. Wie viele Personen haben darin Platz?
16. Hatten Sie mit diesem Auto jemals einen Unfall?
17. Wenn ja, was genau ist passiert?
18. Hatten Sie mit einem anderen Auto einen Unfall?
19. Haben Sie die vorgeschriebene Geschwindigkeit überschritten?
20. Haben Sie ein Ticket für falsches Parken bekommen?
21. Haben Sie die Autoschlüssel verloren?
22. Welche Farbe hat Ihr Auto?

Erläuterungen und Interpretationen Ihrer Antworten

Bitte gehen Sie mit dem folgenden Wissen leicht und spielerisch um und vergessen Sie nicht: Bei diesen Erläuterungen handelt es sich lediglich um Anhaltspunkte. Es geht vor allem darum, sich bewusst zu machen, dass alles im Leben zu uns spricht, und darum, die eigene Intuition zu wecken und zu verstärken.

1. *Wie oft fahren Sie mit Ihrem Auto durch die Waschanlage?*
Ihr Auto ist ein Spiegel Ihres physischen Körpers und Ihres Energiekörpers. Am Grad seiner Verschmutzung können Sie erkennen, ob Sie möglicherweise unbewusst Fremdenergien in Ihr Leben eingeladen haben, die nun Ihre allgemeine körperliche Verfassung, Ihre Gemütslage und Ihren Gesundheitszustand beeinflussen. Regelmäßiges Autowaschen spiegelt ein gesundes Maß an Selbstliebe und Achtsamkeit. In übertriebenem Reinlichkeitsbedürfnis hingegen äußert sich der starke Wunsch nach mehr Liebe und Anerkennung, oft verbunden mit der Unfähigkeit, über die eigenen Bedürfnisse zu sprechen. Wird die Sauberkeit des Autos vernachlässigt, besteht auch die Tendenz zu Selbstvernachlässigung und mangelnder Selbstliebe.

2. *Sind die Scheiben immer sauber?*
Die Scheiben des Autos stehen für die Fähigkeit, klar zu sehen. Sind sie meistens schmutzig, so bedeutet das, dass man seinen weiteren Lebensweg nicht erkennen kann beziehungsweise nicht sehen will. Hat eine Scheibe einen Sprung, so bedeutet

das, dass wir unter innerer Spannung, also unter Stress stehen. Dies könnte gesundheitliche Folgen haben. Wenn eine Scheibe zerbricht, zerbricht auch ein altes Glaubensmuster. Das ist durchaus positiv zu werten. Oft zeigen sich parallel dazu »Enttäuschungen« im Leben. Das heißt, es handelt sich hier um das Ende einer Täuschung. Mehr Licht kommt in eine Angelegenheit. Es ist ein Ausdruck von Freiheit und deutet auf die Lösung einer festgefahrenen Lebenssituation hin.

3. Wie sieht es im Innenraum aus?

Der Innenraum des Autos symbolisiert, wie wohl wir uns in unserer eigenen Haut fühlen. Er steht für unser Innerstes. Wenn im Innenraum viele Gegenstände oder gar Abfälle herumliegen, gibt es in unserem Leben viele unerledigte Dinge. Es ist Zeit, sich damit zu befassen beziehungsweise davon zu befreien. Achten Sie auch darauf, ob nur Ihre Sachen im Auto liegen oder möglicherweise auch die Ihres Lebenspartners und/oder Ihrer Kinder. Das bedeutet dann, dass diese Personen ihre negativen Energien, zum Beispiel ihren Frust, bei Ihnen abladen. In solchen Fällen ist es oft wichtig, die negativen energetischen Schnüre zu durchtrennen, die Sie mit den betreffenden Personen verbinden. Ein Hinweis auf unerledigte Dinge, die uns Stress bereiten, ist auch ein überquellender Aschenbecher. Ein Leck im Auto, welches zur Folge hat, dass sich Wasser im Innenraum staut, ist ein Hinweis auf unverarbeitete Emotionen, zum Beispiel Kummer oder Ängste.

4. Ist das Handschuhfach aufgeräumt?

Das Handschuhfach Ihres Autos symbolisiert Ihr Innerstes und die Dinge, die Sie greifen beziehungsweise begreifen können. Da es sich in der Regel vorn im Auto befindet, geht es hier um Dinge, die Ihre Zukunft betreffen. Quillt das Handschuhfach über, so deutet dies auf eine Stresssituation hin: Es gibt zu viele Dinge, die Sie nicht oder noch nicht (be)greifen können, und/oder Dinge, die Sie noch nicht erledigt haben. Je nachdem, was sich in Ihrem Handschuhfach befindet, fällt Ihnen sicher schnell ein, worum es hier gehen könnte. Ein völlig leeres Handschuhfach ist oft ein Zeichen für innere Leere und einen Zustand der Erschöpfung.

5. Ist der Kofferraum aufgeräumt?

Der Kofferraum liegt in der Regel im hinteren Teil des Wagens. Dinge, die sich im oder am Auto hinten befinden, symbolisieren die Vergangenheit. Manche Menschen fahren ständig mit einem vollen Kofferraum herum, obwohl sie das, was sie da transportieren, nicht jeden Tag brauchen. Dieser Kofferrauminhalt ist immer ein Symbol für Unerledigtes, für belastende Dinge aus der Vergangenheit. Achten Sie auch hier darauf, ob es nur Ihre eigenen Sachen sind oder auch die anderer Personen.

6. Ist das Auto auf Ihren Namen zugelassen?

Wenn Sie ein Auto fahren, das nicht auf Sie persönlich zugelassen ist, gelten die Interpretationen in erster Linie für den Fahrzeughalter. Wenn Sie sich also mit jemandem ein Auto teilen, schauen Sie genau hin und fragen Sie: »Was trifft auf mich zu, was auf die andere Person?« Wenn Sie ein Firmenfahrzeug fahren, symbolisiert dies möglicherweise, dass Ihr ganzes Leben von dieser Firma gesteuert wird. Achten Sie trotzdem auf die angegeben Interpretationsmöglichkeiten.

7. *Wann waren Sie zum letzten Mal mit dem Auto in der Werkstatt?*

Hier besteht ein direkter Zusammenhang zu Ihrem Gesundheitszustand. Die Frage könnte auch lauten: »Wann waren Sie das letzte Mal beim Arzt?« Vielleicht steht auf für Sie ein Gesundheitscheck an.

8. *Welche Reparaturen sind/waren nötig?*

Die Teile des Autos, die kaputt beziehungsweise reparaturbedürftig sind, geben immer einen Hinweis darauf, was in Ihrem physischen Körper eventuell nicht gut funktionieren könnte. Natürlich erheben die nachfolgenden Erläuterungen keinen Anspruch auf Vollständigkeit, und schon gar nicht kommen sie einem ärztlichen Untersuchungsergebnis gleich. Es geht auch hier lediglich darum, sich der Sprache des Lebens etwas mehr bewusst zu werden.

Karosserie: Die Karosserie weist darauf hin, wie man sich der Welt zeigt beziehungsweise zeigen möchte. Wenn sie verbeult ist, kommt es darauf an, wo genau (links/rechts, vorn/hinten) und in welchem Ausmaß. Auch wie es dazu gekommen ist, ist von Bedeutung. Hier liegt jeder Fall anders und ist deshalb jeweils genauer zu betrachten (siehe »Utas Unfall« ab Seite 59).

Reifen: Die Reifen symbolisieren Bodenhaftung und weisen somit darauf hin, wie gut wir geerdet sind. Abgefahrene Reifen sind ein Zeichen für mangelnde Erdung. Wenn wir nicht genügend geerdet sind, können keine hohen Energien durch unseren Körper fließen, und wir geraten leicht aus dem Gleichgewicht. Ein platter Reifen symbolisiert etwas, das uns aus dem Gleichgewicht bringt. Auch hier ist zu beachten, ob der Reifenschaden vorn oder hinten ist beziehungsweise links oder rechts. Links bedeutet weiblich, rechts männlich, vorn betrifft die Zukunft, hinten die Vergangenheit. Ein platter Reifen hinten rechts bedeutet also zum Beispiel, dass mich eine männliche Person aus meiner Vergangenheit immer noch aus dem Gleichgewicht bringen kann.

Innenraum: Der Innenraum des Autos steht für unser Innerstes, wobei die *Polster* unseren Selbstschutz symbolisieren. Löcher oder andere Schäden in den Polstern weisen darauf hin, dass unser Selbstschutz nicht mehr ausreichend funktioniert. Auch die Aura, unser Energiekörper, kann Löcher haben. Und wenn die Polster stark verschmutzt sind, ist eine Aura- und Chakra-Reinigung empfehlenswert (siehe CD *Quantum-Engel-Heilung*).

Die verschiedenen Messgeräte auf dem *Armaturenbrett* (z. B. Tachometer) symbolisieren die inneren Kontrollsysteme des Körpers sowie alle unbewusst ablaufenden Programme. Wenn es dort Funktionsstörungen gibt, sollten die Frühwarnsignale in allen Lebensbereichen genau überprüft werden.

Die *Gangschaltung* eines Wagens mit Automatik-Getriebe steht für eine generelle Leichtigkeit im Leben beziehungsweise die Bereitschaft, im freien Fluss zu sein. (Interessanterweise werden in den USA fast nur Automatik-Fahrzeuge verkauft.)

Die manuelle Schaltung deutet auf den stärkeren Wunsch hin, die Umgebung und das Leben kontrollieren zu wollen. Wenn die Gangschaltung kaputtgeht, ist dies ein Zeichen dafür, dass eine Situation in unserem Leben außer Kontrolle geraten ist.

Der *Motor* steht für unsere Seele, die Kraft, die uns am Leben hält. Wenn der Motor streikt, ist dies eine klare Aufforderung unserer Seele, etwas an der gegenwärtigen Lebenssituation zu ändern, da es so nicht richtig weitergehen kann. Die Notwendigkeit, etwas zu verändern, kann sich auf den Wohnort, die Partnerschaft, den Arbeitsplatz und anderes beziehen. Betroffene wissen meistens genau, worum es bei ihnen geht. Manchmal sind auch alle Lebensbereiche gleichzeitig betroffen. Wenn der Motor ausgetauscht werden muss, geht es darum, sein Leben zu ändern und seine eigentliche Seelenaufgabe zu erfüllen. Hier handelt es sich definitiv um den berühmten Wink mit dem Zaunpfahl.

Die *Benzinpumpe* symbolisiert die Versorgung des physischen Körpers mit Energie. Eine schadhafte Benzinpumpe verhindert den freien Fluss der Energie im Körper und behindert damit auch den Zugang zu den eigenen göttlichen Energien. Auch der Energiefluss in Form von Geld kann hiervon betroffen sein.

Die *Ölpumpe* steht für das Herz des physischen Körpers. Wenn sie kaputt ist, können Herzprobleme auftreten. Verstopfte Ölfilter symbolisieren verstopfte Venen und Arterien.

Der *Luftfilter* symbolisiert die Lunge. Bei Rauchern kommt es interessanterweise vermehrt zu Problemen mit dem Luftfilter im Auto.

Die *Bremsen* stehen für die Fähigkeit, die eigene Geschwindigkeit zu kontrollieren und anzuhalten beziehungsweise innezuhalten. Kaputte Bremsen im Auto sind lebensgefährlich und damit ein generelles Alarmzeichen. Sie fordern uns auf, über unsere Zukunft ebenso nachzudenken wie über unsere Gesundheit.

Die *Batterie* symbolisiert unser ungenutztes Potenzial, unsere Gotteskraft. Wenn sie schwach ist, kann dies darauf hinweisen, dass auch kaum Kraft und Energie für den physischen Körper oder die bewusste Nutzung des Energiekörpers vorhanden ist. Das ist eine deutliche Aufforderung, sich bewusst zu werden, wer man in Wirklichkeit ist, und dieses Potenzial zu nutzen.

Der *Kühler* symbolisiert den Emotionalkörper. Wenn er kocht, bedeutet das Wut, Zorn und Verärgerung. Wenn der Kühler kaputt ist und ausgetauscht werden muss, sind wir aufgefordert, uns um unsere emotionale Energie zu kümmern, hauptsächlich um unverarbeitete, negative Emotionen.

Das *Auspuffsystem* entspricht dem Verdauungstrakt des physischen Körpers. Probleme mit dem Auspuff weisen darauf hin, dass alte und verbrauchte Energien losgelassen werden müssen und dass dies möglicherweise Schwierigkeiten bereitet. Ein löchriger Auspuff kann ein Hinweis auf eine löchrige Darmwand beziehungsweise eine schlecht funktionierende Darmflora sein.

Scheibenwischer sollen die Sicht klären. Kaputte Scheibenwischer weisen auf angestaute Emotionen hin, die eine klare Sicht erschweren.

Lampen/Scheinwerfer symbolisieren die Augen. Trübe Lampen oder nicht funktionierende Scheinwerfer weisen darauf hin, dass die Kraft der Seele, die aus den Augen strahlt, nicht richtig zum Ausdruck beziehungsweise zum Einsatz kommt. Der Fahrer und/oder Halter des Fahrzeugs sollte über seine Lebensaufgabe nachdenken.

Die *Hupe* ist im übertragenen Sinne ein Ventil, um Druck abzulassen. Ständiges Hupen steht für das Bedürfnis, angestaute Emotionen (beispielsweise Zorn) herauszulassen. Angestaute emotionale Energie blockiert den Fluss des Lebens, und das kann zu Krankheiten führen. Eine kaputte Hupe erfüllt ihren Zweck als Druckventil nicht mehr.

Öl steht für Blut. Regelmäßige Ölwechsel sind mit einer gut funktionierenden Reinigung des Blutes im Körper zu vergleichen. Ständiger Ölverlust steht möglicherweise in Verbindung mit physischen Symptomen wie unregelmäßige, starke oder ständige Regelblutungen. Auch hier ist es wichtig, die Symbolik zu erkennen und entsprechend zu handeln. Ein Verlust von Blut ist gleichzeitig ein Verlust von Energie. Dies deutet immer auch auf mögliche Energievampire im Leben hin, also auf Personen oder Situationen, die sehr viel Kraft rauben.

Wasser ist ein Symbol für Emotionen. Eingefrorene Wasserleitungen symbolisieren eine mögliche Abkühlung von Beziehungen. Im physischen Körper können sie auf Probleme mit der Blase hinweisen sowie auf allgemeine Probleme mit dem Wasserhaushalt.

Getriebeflüssigkeit steht mit der Wirbelsäulenflüssigkeit in Verbindung. Zu wenig Getriebeflüssigkeit kann auch darauf hinweisen, dass die Reizübertragung im Nervensystem gestört ist.

Bremsflüssigkeit symbolisiert das Immunsystem, inklusive der Lymphe. Ein Verlust an Bremsflüssigkeit weist auf ein geschwächtes Immunsystem hin und warnt vor der damit verbundenen Krankheitsanfälligkeit.

9. Gibt es etwas, das momentan nicht funktioniert?

Bitte lesen Sie die Ausführungen zu Nummer 8.

10. Ist der TÜV abgelaufen?

Der abgelaufene TÜV weist darauf hin, dass eine neue Lebensphase beginnt oder eine wegweisende Entscheidung ansteht. Bereiten Sie sich darauf vor, dass etwas oder jemand Neues in Ihr Leben kommt.

11. Springt Ihr Auto immer gleich an?

Ein Auto, das Probleme beim Starten hat, weist auf äußere oder innere Widerstände hin. Gibt es etwas, worüber Sie sich ärgern oder was Sie lieber nicht tun möchten, beziehungsweise etwas, das Sie daran hindert zu tun, was Sie wirklich tun möchten? Ein Auto, das nicht immer gleich anspringt, könnte auch auf Unterfunktionen im physischen Körper hinweisen, die sich in »Startschwierigkeiten« bemerkbar machen.

12. *Wann war der letzte Ölwechsel?*
Öl symbolisiert, wie wir schon erfahren haben, das Blut im Körper. Lassen Sie regelmäßig Ihr Blut untersuchen.

13. *Klemmt eine Tür? Klemmen mehrere Türen?*
Türen stehen für den Zugang zum inneren Selbst und gleichzeitig für die Möglichkeit zu flüchten. Die linke Tür symbolisiert die weibliche, emotionale Energie, Empfänglichkeit und die Verbindung mit der Erde. Die rechte Tür steht für die männliche, dynamische, mentale Energie. Wenn eine Tür klemmt oder sogar eingedrückt und verbeult ist, kann dies unter anderem darauf hinweisen, dass die betreffende Person eingeschüchtert ist, nach Auswegen sucht, am liebsten flüchten möchte, aber nicht kann. Dies gilt auch für mögliche Beziehungsprobleme. Es besteht keine gute Verbindung zum inneren Selbst. Wünsche bleiben unerfüllt. Klärende Meditationen sind empfehlenswert.

14. *Wie groß ist Ihr Auto?*
Interessanterweise geht der Kauf eines größeren Autos oft mit einer Gewichtszunahme des physischen Körpers einher. Achten Sie bewusst auf möglichen Veränderungen. Haben Sie die Befürchtung zuzunehmen?

15. Wie viele Personen haben darin Platz?

Zweisitzige Sportwagen signalisieren das unterbewusste Ablehnen von Familienzuwachs, auch wenn der betreffende Mensch sich anders äußern sollte. Große, sogenannte »Familienkutschen« stehen für entsprechenden Familiensinn, Kontaktfreudigkeit und möglicherweise auch für einen starken, eher fülligen Körper beziehungsweise die Neigung dazu.

16. Hatten Sie mit diesem Auto jemals einen Unfall?

Ein Unfall ist immer ein deutliches Zeichen dafür, dass Sie vor etwas Angst haben. Die Angst bereitet zunächst emotionales Unbehagen und ist eine Warnung vor Schmerzen und Krankheiten des physischen Körpers, die beispielsweise direkt durch den Unfall verursacht werden können. Ein Unfall ist ein deutliches Warnzeichen. Er fordert Sie dazu auf, etwas in Ihrem Leben zu verändern (Schaden am vorderen Teil des Wagens) beziehungsweise, sich mit den erfolgten Veränderungen (Schaden am hinteren Teil des Wagens) auseinanderzusetzen. Wenn jemand hinten auf Ihren Wagen auffährt, ist dies auch ein Zeichen dafür, dass Ihre Seele Sie auf Ihrem Lebensweg nach vorn schubsen möchte – ein Symbol für den berühmten »Tritt in den Hintern«. Der Auffahrunfall, den Sie selbst verursachen, ist ein Zeichen für Hindernisse auf Ihrem Lebensweg. Wenn ein Unfall bei Glatteis oder nasser Fahrbahn passiert, weist er auf unverarbeitete, »eingefrorene« Emotionen hin, die auch Krankheiten verursachen können. Autounfälle, bei denen es zu einem Brand kommt, symbolisieren den Wunsch nach Veränderung. Feuer ist generell ein Zeichen für Transformation oder Veränderung im Leben.

17. Wenn ja, was genau ist passiert?

Analysieren Sie genau, wie es zu dem Unfall kam, was geschehen ist, welche Schäden es gegeben hat (siehe oben) und ob andere Personen beteiligt sind.

18. Hatten Sie mit einem anderen Auto einen Unfall?

Erinnern Sie sich an frühere Unfälle – Ihre eigenen oder die von Familienmitgliedern und Freunden. Analysieren Sie die Geschehnisse rund um den jeweiligen Unfall, und finden Sie Analogien zu der damaligen Lebenssituation und/oder dem physischen Körper der Fahrer und Fahrzeughalter.

19. Haben Sie die vorgeschriebene Geschwindigkeit überschritten?

Natürlich ist eine Geschwindigkeitsüberschreitung ein Zeichen dafür, dass Sie es eilig hatten und dringend etwas erledigen wollten. Das Leben zeigt Ihnen, dass sich bestimmte Dinge und Projekte nicht so schnell abhaken lassen, wie Sie sich es wünschen. Es handelt sich also um eine Schulung Ihrer Geduld. Gleichzeitig werden Sie darauf hingewiesen, dass Sie nicht alles kontrollieren können. Es gibt eine höhere Instanz, die manche Dinge für Sie regelt. Vertrauen Sie.

20. Haben Sie ein Ticket für falsches Parken bekommen?

»Strafzettel« weisen auf Behinderungen in Ihrem Leben hin. Sie waren offenbar zur falschen Zeit am falschen Ort. Erkennen Sie, dass dies nicht möglich ist. Das Ticket ist lediglich eine Aufforderung, achtsam zu sein. Prüfen Sie bei dieser Gelegenheit auch genau, wofür sonst Sie sich schuldig fühlen, und transformieren Sie Ihre Schuldgefühle mithilfe der Engel.

21. *Haben Sie die Autoschlüssel verloren?*
Schlüssel symbolisieren den Zugang zur eigenen Identität. Wer oft Schlüssel verliert, ist unbewusst der Ansicht, dass er den Schlüssel zur eigenen Identität verloren hat. Eine solche Person fühlt sich verloren, ist häufig gestresst und hat keine innere Klarheit. Der Zugang zur eigenen Kraft und zur Schöpferverbindung ist nicht spürbar vorhanden. Gibt es eine andere Person, die Ihr Leben bestimmt?

22. *Welche Farbe hat Ihr Auto?*
Auch die Farbe Ihres Autos kann Ihnen wichtige Hinweise geben. Bei den folgenden Stichworten handelt es sich um Anhaltspunkte. Sie sollten nicht zum Urteilen missbraucht werden oder dazu, gewisse Leute in die passenden Schubladen zu stecken.

Schwarz	Verstecken, Angst, Suche nach eigener Identität und Verbindung zur geistigen Welt, vom Ego gesteuert
Weiß	Spiritualität, Verbindung zum Geistigen, wenig Kontakt zur Erde
Beige	Wenig ausgeprägte Persönlichkeit, wenig Zugang zur eigenen Identität; Bereitschaft, die eigene Kraft an andere abzugeben
Rot	Vitalität, körperliche Gesundheit; Aktivität, aber auch Stress; Neigung zu Überaktivität und Emotionalität (Wut, Ärger, Leidenschaft), sexuelle Energie

Orange	Selbstsicherheit, Konkurrenzdenken, aktive Intelligenz (gilt auch für die Farbe Gelb)
Grün	Wachstum, Veränderung, Sicherheitsbedürfnis, Naturverbundenheit, Kommunikation
Blau	Innere Sicherheit und Ausgeglichenheit, Fähigkeit zum Heilen, Intuition, Zurückgezogenheit, Reserviertheit
Violett	Hoch entwickeltes Wesen, Spiritualität, starke Verbindung zum Geistigen, zu wenig Kontakt zur Erde
Silber	Weibliche Energie und Heilung der Weiblichkeit, Verbindung zur Mondenergie, Interesse für Mystik
Gold	Einheitsbewusstsein; Erkenntnis des Göttlichen in allem, was ist

Analyse eines Unfalls

Wenn Sie einen Unfall selbst analysieren möchten, was ich Ihnen als Übung sehr empfehle, beantworten Sie zunächst folgende zehn Fragen. Fügen Sie die Antworten dann wie die Teile eines Puzzles zusammen, um ein klares Bild dessen zu bekommen, was das Leben Ihnen mitteilen möchte.

1. An welchem Wochentag ist der Unfall passiert?
2. Wie genau ist es passiert?
3. Welcher Schaden ist an Ihrem Fahrzeug entstanden?
4. Gab es bei Ihnen Verletzungen? Wenn ja, welche?

5. Wer saß im Unfallauto?
6. Waren andere Autos beteiligt?
7. Wer saß dort am Steuer?
8. Gab es bei anderen Verkehrsteilnehmern Verletzungen?
9. Welche Farbe hatte das andere Auto?
10. Was ist mir noch aufgefallen?

Beispiel: Utas Unfall

Hier die Antworten, die sich Uta (siehe Seite 59 f.) gegeben hat. Sie klären zunächst die Fakten. Die anschließende Analyse macht deutlich, was der scheinbare »Schicksalsschlag« Uta wirklich zu sagen hat.

1. an einem Dienstag
2. rote Ampel übersehen, Auffahrunfall
3. vorn zerdrückt
4. ja, Stauchung im *rechten* Bein
5. ich (Uta) allein
6. ja
7. ein Mann
8. nein
9. schwarz
10. Der Mann hat mich angeschrieen und beleidigt. Es war neblig. Ich war auf dem Weg zu einem Kunden und stand unter Erfolgsdruck.

Statistisch gesehen passieren die meisten Autounfälle an einem Dienstag. Das ist nicht verwunderlich, denn an diesem Tag kommt die Energie des Planeten Mars voll zum Tragen.

Welches Bild ergibt sich nun für Utas Unfall?

Der Marstag deutet auf Widerstand, Groll und Konflikt hin. Widerstand erkennen Sie daran, dass es ein Auffahrunfall war. Das andere Fahrzeug symbolisiert Hindernisse und Blockaden. Es hat Uta am Vorwärtskommen gehindert – aus meiner Sicht ein Zeichen ihrer Seele, dass sie nicht auf dem richtigen Weg ist. Sie sollte ihre Außendiensttätigkeit überdenken.

Der Schaden vorn am Fahrzeug zeigt, dass es um ihre Zukunft geht. Die Verletzung am rechten Bein zeigt, dass die Ursache des Unfalls etwas mit männlicher Energie zu tun hat, hier noch verstärkt durch die Tatsache, dass der Unfallgegner ein Mann ist. Das schwarze Fahrzeug symbolisiert Ängste. Das Anschreien zeigt, dass Uta sich schuldig fühlt.

Wenn Sie sich nun an Utas Lebensgeschichte erinnern, können Sie klar erkennen, dass sie ihre Scheidung noch nicht verarbeitet hat. Uta ist noch Jahre nach der Trennung wütend auf ihren Exmann, fühlt sich aber gleichzeitig schuldig. Alle angestauten Emotionen entladen sich bei diesem Unfall. Wenn Sie gelernt haben, das, was in

Ihrer Umwelt geschieht, entsprechend einzuordnen, können Sie in solchen Ereignissen lesen wie in einem Buch. Aus meiner Sicht ist es ist für Uta ganz wichtig, dass sie Heilung erfährt und schließlich selbst erkennt, dass auch ihre Scheidung ein Einweihungsprozess war. Ich empfehle ihr, alle negativen Emotionen und Ängste zu transformieren, damit sie ungehindert in eine glückliche Zukunft gehen kann.

Das Gesetz der Anziehung wirkt wie ein Magnet, der, entsprechend unserer eigenen Energie, genau die Umstände in unser Leben bringt, die uns wie ein Spiegel unser Innenleben zeigen.

Die Energien der Wochentage

Die Wochentage sind einzelnen Planeten zugeordnet, was in vielen Sprachen deutlich an ihrem Namen zu erkennen ist. In den alten Kulturen war das Bewusstsein um die Energien und Qualitäten der Wochentage noch weit verbreitet. Hinweise darauf findet man beispielsweise in den jahrtausendealten vedischen Schriften. Für den Prozess der Bewusstwerdung, der zur Vorbereitung auf alle anstehenden Aufgaben und Ereignisse erforderlich ist, gewinnt man hier wertvolle Erkenntnisse. Seit vielen Jahren plane ich meine Termine entsprechend und kann es auch Ihnen nur empfehlen. Beispielsweise vermeide ich am Dienstag zu reisen, für das Loslassen von alten Energien und Neubeginnen ist es jedoch ein guter Tag. Generell sind die Energien der Planeten weder gut noch schlecht, aber sie beeinflussen die Ereignisse eines Tages. Sehen Sie selbst:

Sonntag – Sonne

Dieser Tag ist astrologisch gesehen der erste Wochentag. Er ist geeignet, um sich bewusst auf die Ereignisse der kommenden Woche vorzubereiten und entsprechende Kräfte zu sammeln, zum Beispiel im Gebet oder in der Meditation. Die damit verbundenen Energien strahlen – wie die Sonne – auf unsere schöpferischen Tätigkeiten. Wenn Sie an einem anderen Wochentag einen wichtigen Termin haben, nutzen Sie die Energien des Sonntags, um sich geistig darauf vorzubereiten. Es kommt aber nicht nur auf die eigentlichen Aktivitäten an. Für die Manifestation ist eine Vorbereitung auf der geistigen Ebene im Prinzip wesentlich wichtiger. Darauf werde ich im Verlauf des Buches noch eingehen. Der Sonntag ist wie der Schlüssel, der eine Tür öffnet, durch die Sie dann, zum Beispiel am Mittwoch oder Donnerstag, hindurchgehen.

Montag – Mond

Die Energien dieses Tages unterstützen die Offenheit und die Bereitschaft, zu wachsen und Neues anzunehmen. Es geht darum, die ersten Schritte zu machen, dabei aber flexibel zu bleiben. Dieser Tag bildet somit die Ausgangsbasis für die Vorhaben der Woche. Es ist ein guter Tag, um beispielsweise die Finanzen zu überprüfen, bevor neue Ausgaben getätigt werden.

Dienstag – Mars (italienisch: Martedì*)*

Dies ist der Tag des Neubeginns. Seine Energien fördern die Bereitschaft, sich von allem zu lösen, was blockiert oder behindert. Außerdem unterstützen sie energetische Reinigungsprozesse (Loslassen) und bringen gleichzeitig neue Projekte und Initiativen voran. Das kann durchaus zu Konflikten mit den Mitmenschen führen, beispielsweise wenn diese mit unseren neuen Vorhaben konfrontiert werden. Reibungen und Widerstände kann es auch geben, wenn die Anhaftungen an das Alte noch zu groß sind. Die vehementen Marsenergien verführen Menschen oft dazu, Widerständen mit Gewalt zu begegnen und rücksichtslos vorzugehen. Dies zeigt sich deutlich daran, dass die meisten Unfälle im Straßenverkehr an Dienstagen passieren.

Mittwoch – Merkur (italienisch: Mercoledì*)*

Die energetische Eigenschaft von Merkur ist die des Boten und Vermittlers. Dieser Tag ist gut geeignet, um neue Kontakte zu knüpfen, Informationen auszutauschen, wichtige Gespräche zu führen und neue Beziehungen aufzubauen oder um das Umfeld (Familie/Beruf) in das eigene Denken und Handeln einzubeziehen. Es geht um die Gemeinschaft und nicht um das Ego des Einzelnen. Dies ist ein guter Tag für Business-Meetings, wo es um den Austausch verschiedener Meinungen und Darstellungen sowie um die Einschätzung von Sachverhalten geht. Die Merkur-Energien wirken sich auch unterstützend auf die Klärung einer Situation aus, in der es darum geht, gutes Urteilsvermögen an den Tag zu legen und zwischen Wahrheit und Unwahrheit zu unterscheiden. Die Energien des Tages verführen aber auch zu Klatsch und Geschwätzigkeit. Vermeiden Sie unnötige, stundenlange Telefonate, besonders mit dem Handy beim Autofahren, denn das erhöht nachweislich die Unfallgefahr und ist deshalb auch verboten.

Donnerstag – Jupiter (italienisch: Giovedì*)*

Dieser Tag ist gut geeignet, um angefangene Projekte erfolgreich weiterzuführen und auch zu Ende zu bringen. Wichtig dabei ist, Klarheit und eindeutige Absichten zu äußern, weil sich auch das Unbewusste leicht manifestiert. Der Donnerstag ist eben ein klassischer Wunscherfüllungstag. Also aufgepasst, was man sich da so wünscht. Der Jupiter wird auch als Glücksplanet bezeichnet. Das heißt, die Energien dieses Tages wirken sich günstig auf das Ergebnis sämtlicher Vorhaben aus. Man könnte den Donnerstag auch als den »Joker der Woche« bezeichnen.

Freitag – Venus (italienisch: Venerdì*)*

Die Venus ist der Planet der Liebe und der Schönheit. Die Energien des Freitags eignen sich daher für die harmonische Vollendung aller schöpferischen Projekte oder Vorhaben. Sie verbinden alles, was getrennt war, und bringen es auf eine neue Bewusstseinsebene. Dieser Tag eignet sich auch für alles, was mit Romantik zu tun hat, sowie für Wohltätigkeits- und Spendenaktivitäten, da die Energie der Großzügigkeit verstärkt wird. Alle Kinder, die eine Taschengelderhöhung wünschen, sollten diese Energien nutzen. Diese leichten Energien können aber auch zu Spielerei und belanglosem Geplänkel verführen.

Samstag – Saturn (englisch: Saturday*)*

Die Energien dieses Tages schwingen langsamer als die der anderen Wochentage, wodurch sich alles verzögert und verlangsamt und wie in Zeitlupe deutlicher sichtbar wird. Jetzt ist es wichtig, Bilanz zu ziehen und zu prüfen, was Bestand hat und was nicht. Der Tag eignet sich gut als Vorbereitung auf die nächsten Schritte, doch seine Energien halten einen auch auf dem bisherigen Platz fest, wo man warten kann, bis die Bereitschaft zum Weitergehen wirklich da ist. Ein guter Tag zur Selbstanalyse. Achten Sie auf Kritik aus Ihrem Umfeld. Was wird Ihnen dort gespiegelt?

(Die Energien dieses Tages unterstützen auch das Arbeiten mit diesem Buch und meiner CD *Lichtmeditationen für den Bewusstseinswandel.*)

Alltagsanalyse: Haus oder Wohnung

Unser Haus oder die Wohnung, in dem/der wir leben, ist ebenfalls ein Symbol für unseren physischen Körper inklusive seiner Energiekörper und der darin gespeicherten Emotionen. Zum Teil deckt sich die Symbolik mit der des Autos. Daher erläutern wir sie hier etwas weniger ausführlich als auf den Seiten 60 bis 78. Die Vorderseite des Hauses symbolisiert wie beim Auto die Zukunft, die Rückseite die Vergangenheit. Jeder Raum des Hauses hat eine andere symbolische Bedeutung, und auch alles, was im Haus geschieht, ist von Bedeutung.

Legen Sie sich nun einen Stift und ein großes Blatt Papier oder ein Arbeitsheft bereit und beantworten Sie die folgenden Fragen. Es macht übrigens mehr Spaß und bringt mehr Selbsterkenntnis, wenn Sie die Erläuterungen zu den Fragen erst lesen, *nachdem* Sie sie beantwortet haben.

22 Fragen zur Selbsterkenntnis

1. Wie oft putzen Sie Ihre Wohnung/Ihr Haus?
2. Sind die Fenster immer sauber?
3. Wie oft sind Sie in Ihrem Leben schon umgezogen?
4. Wie sieht es bei Ihnen in den Schubladen und Schränken aus?
5. Wie aufgeräumt ist Ihr Keller?
6. Was befindet sich im Keller?
7. Wie aufgeräumt ist Ihr Dachboden?
8. Was befindet sich auf dem Dachboden?
9. Funktioniert Ihre Waschmaschine/Geschirrspülmaschine?
10. Gab es ein Leck?
11. Ist Wasser übergeflossen?

12. War/ist die Toilette verstopft?
13. Nutzen Sie Ihre Küche zum Kochen?
14. Gab es einen Wohnungsbrand?
15. Funktioniert die Heizung?
16. Klemmen oder quietschen die Türen?
17. Welche Reparaturen waren nötig?
18. Funktionieren Lampen und Lichtschalter?
19. In welchem Stockwerk des Hauses wohnen Sie?
20. Haben Sie einen Balkon oder Garten und nutzen Sie ihn?
21. Haben Sie die Hausschlüssel verloren?
22. Welche Farben haben Ihre Räume?

1. Wie oft putzen Sie Ihre Wohnung/Ihr Haus?

Ihr Haus ist ein Spiegel Ihres physischen Körpers und Ihres Energiekörpers. Am Grad seiner Verschmutzung können Sie erkennen, ob Sie, möglicherweise unbewusst, Fremdenergien in Ihr Leben eingeladen haben. Diese Energien beeinflussen Ihre körperliche Verfassung, Ihre Gemütslage und Ihren Gesundheitszustand. Regelmäßiges Putzen bringt ein gesundes Maß an Selbstliebe und Achtsamkeit zum Ausdruck, während übertriebene Putzwut auf den starken Wunsch nach mehr Liebe und Anerkennung hinweist. Dieser ist oft verbunden mit der Unfähigkeit, über die eigenen Bedürfnisse zu sprechen. Wenn die Reinlichkeit des Hauses sehr zu wünschen übrig lässt, besteht meist auch die Tendenz zu Selbstvernachlässigung und mangelnder Selbstliebe.

2. Sind die Fenster immer sauber?

Die Fensterscheiben symbolisieren die Fähigkeit, klar zu sehen. Schmutzige Scheiben bedeuten, dass man seinen weiteren Lebensweg nicht erkennen kann beziehungsweise nicht sehen will. Hat die Scheibe einen Sprung, so bedeutet das, dass wir unter innerer Spannung, also unter Stress stehen. Dies könnte gesundheitliche Folgen haben. Wenn eine Glasscheibe zerbricht, zerbricht auch ein altes Glaubensmuster. Das ist durchaus positiv zu werten. Oft gibt es parallel dazu »Enttäuschungen« im Leben. Das heißt, es handelt sich hier um das Ende einer Täuschung. Mehr Licht kommt herein. Das Zerbrechen der Scheibe ist also ein Zeichen dafür, dass sich etwas frei gebrochen hat, und markiert den Ausweg aus einer festgefahrenen Lebenssituation.

3. Wie oft sind Sie in Ihrem Leben schon umgezogen?

Auch ein Umzug geschieht nicht rein zufällig, sondern symbolisiert den Übergang in einen neuen Lebensabschnitt und einen weiteren Schritt zur Bewusstwerdung. Je weiter Sie von Ihrem alten Wohnort wegziehen, desto größer ist der Bewusstseinssprung. Wenn Sie seit fünfzig Jahren im selben Haus wohnen, heißt das nicht, dass es keine Entwicklung gegeben hat, aber es ist wahrscheinlich, dass sie langsamer stattgefunden hat. Auf der anderen Seite ist jemand, der in einem Jahr fünfmal umzieht, nicht automatisch sehr weit auf seinem spirituellen Weg. So häufiges Umziehen deutet eher auf inneres Chaos und eine ausgeprägte Tendenz zum Weglaufen hin. Kommen Sie zur Ruhe und machen Sie die Übungen in diesem Buch.

4. *Wie sieht es bei Ihnen in den Schubladen und Schränken aus?*

Was in den Schubladen und Schränken verborgen ist, steht in enger Beziehung zu unseren Emotionen. Quellen die Schränke und Schubladen über, und ist es dort unordentlich, so deutet dies auf eine Stresssituation hin. Sie haben offenbar viele Dinge noch nicht erledigt beziehungsweise verarbeitet. Nun ist es Zeit, sich damit zu befassen beziehungsweise davon zu befreien. Wenn Ihre Schränke Kleidungsstücke enthalten, die Sie seit mehr als zehn Jahren haben und nie tragen, wird es definitiv Zeit, sich davon zu trennen. Mit allen alten Kleidungsstücken sind die Energien der damaligen Zeit verbunden. Das heißt, dass diese Energien auch in Ihrem Energiekörper gespeichert sind und Sie belasten können. Je weniger Sie in Ihren Schränken haben, desto besser. Die meisten Menschen tragen nur etwa zwanzig Prozent ihrer Kleidung. Alles andere hängt jahrelang herum und nimmt Platz weg. Zur Vorbereitung auf die neue Zeit empfehle ich Ihnen, in all Ihren Schränken Platz für Neues zu schaffen.

Achten Sie auch darauf, ob sich in den Schränken und Abstellkammern Ihrer Wohnung nur Ihre Sachen häufen oder möglicherweise auch die Ihres Lebenspartners und/oder Ihrer Kinder. Das könnte bedeuten, dass diese Personen ihre negativen Energien, zum Beispiel ihren Frust, bei Ihnen abladen. In solchen Fällen ist es oft wichtig, die negativen Energieschnüre zu den betreffenden Personen zu trennen. Unerledigte Dinge, die uns Stress bereiten, bringen sich auch in überquellenden Aschenbechern, Bergen von Zeitungen, leeren Flaschen, Abfall etc. zum Ausdruck.

Unsere Wohnung symbolisiert unser Innerstes. Schauen Sie sich also regelmäßig gut darin um. Wenn Ihre Wohnung mit Möbeln voll gestopft ist, gibt es nun mal wenig Platz für Neues in Ihrem Leben. Wenn Sie viele geerbte Sachen oder Antiquitäten horten, haben Sie möglicherweise die Tendenz, nicht loslassen zu können. Das gilt dann wahrscheinlich auch für Ihren physischen Körper, in dem Verdauung und Entgiftung vielleicht nicht gut funktionieren und/oder wo Sie viele Ängste gespeichert haben. Diese Ängste können auch aus früheren Leben stammen – vielleicht aus der Epoche, aus der Ihre Möbel stammen. Die Engel helfen gern, diese Energien zu transformieren.

5. *Wie aufgeräumt ist Ihr Keller?*

Der Keller Ihres Hauses symbolisiert Ihr erstes Chakra. Dieses Energiezentrum, auch Basischakra genannt, ist für Ihre persönliche Erdung sehr wichtig. Diese Erdung wiederum ist eine wichtige Voraussetzung für den Empfang der intensiven Lichtenergien der neuen Zeit. Nur wer gut geerdet ist, kann diese hohen Lichtenergien durch sich durchfließen lassen und gut damit umgehen. Ich kann Ihnen also nur empfehlen, Ihren Keller frei zu räumen, denn wenn im Basischakra keine Energie fließen kann, fließt auch in Ihrem physischen Körper nicht genug Energie und alle möglichen Krankheiten können sich entwickeln. (Informationen dazu finden Sie in meinem Buch *Quantum-Engel-Heilung*.) Ein Energiestau im Basischakra wird Ihr Sexualleben ebenso beeinträchtigen wie den Fluss Ihrer Finanzen. Habe ich Sie zum Aufräumen inspiriert?

6. *Was befindet sich im Keller?*

Lagern in Ihrem Keller sogar die Kartons und Möbel anderer Leute, etwa Ihrer Eltern oder Nachbarn? Mit diesen fremden Energien blockieren Sie bewusst oder unbewusst Ihre Gesundheit, Ihr Sexualleben und Ihre Finanzen. Schauen Sie also genau hin, und planen Sie den nächsten Flohmarkt!

7. *Wie aufgeräumt ist Ihr Dachboden?*

Der Dachboden symbolisiert das siebte Chakra (Kronenchakra). Es steht in Verbindung mit dem Kopf und mit der Öffnung für höhere Bewusstseinsebenen. Wer unter Kopfschmerzen leidet, sollte einen Blick auf seinen Dachboden werfen und dort möglichst alles frei räumen. Dies ist auch ein wichtiger Schritt zur Vorbereitung auf das Wahrnehmen feinstofflicher Energien. Wenn Sie Ihren Dachboden zum Wäschetrocknen nutzen, könnte es sein, dass Sie versuchen, viele Ihrer Fragen und Emotionen über den Kopf zu lösen und zu verarbeiten. Meditieren Sie stattdessen regelmäßig, und Sie werden Ihre Antworten bekommen.

Wenn Sie keinen Dachboden haben, überlegen Sie, wer oder was sich oben im Haus (Kronenchakra) befindet und ziehen daraus Ihre Schlüsse. Ein Büro ist im Dachgeschoss beispielsweise gut aufgehoben, denn es symbolisiert den Kopf. Mentales Arbeiten und/oder Lernen und Studieren wird hier energetisch unterstützt.

8. Was befindet sich auf dem Dachboden?

Schauen Sie genau hin, denn mit dem, was sich auf dem Dachboden befindet, sind Sie in Gedanken beschäftigt. Hier finden Sie möglicherweise auch die Wurzeln Ihrer Glaubensmuster und unterbewussten Programme.

9. Funktioniert Ihre Waschmaschine/Geschirrspülmaschine?

Wenn eine dieser Maschinen kaputt ist oder sogar beide, wenn also das reinigende Wasser nicht fließen kann, gibt es wahrscheinlich Schwierigkeiten mit unverarbeiteten Emotionen und/oder Fremdenergien im Körper und im Haus. Führen Sie eine energetische Reinigung durch und lassen Sie den Schaden umgehend reparieren.

10. Gab es ein Leck?

Wasser ist ein Symbol für Emotionen, und ein Leck deutet auf Energieverlust und ungeweinte Tränen hin. Ein Leck in der Küche hat mit dem Thema Partnerschaft zu tun. Eingefrorene Wasserleitungen symbolisieren die mögliche Abkühlung von Beziehungen. Ein Wasserrohrbruch ist definitiv ein Alarmzeichen für die Partnerschaft. Allgemein kann ein Leck auf Probleme mit der Blase und dem Wasserhaushalt des Körpers hinweisen.

11. Ist Wasser übergeflossen?

Ein Überfließen von Wasser – etwa eine überfließende Badewanne, eine ausgelaufene Spülmaschine/Waschmaschine oder eine undichte Dusche – symbolisiert emotionalen Druck und den damit verbundenen Stress. Es haben sich viele Emotionen angestaut, die ein Ventil suchen. *Vorsicht:* Das Überfließen ist auch ein mögliches Zeichen für Bluthochdruck, der kann zu Herzproblemen und anderen Stresssymptomen führen.

12. *War/ist die Toilette verstopft?*

Die verstopfte Toilette ist ein Symbol für angestaute Wut und angestauten Ärger. Beschäftigen Sie sich mit der Transformation Ihrer energetischen Altlasten.

13. *Nutzen Sie Ihre Küche zum Kochen?*

Die Küche symbolisiert Ihre Partnerschaft. Daher kann diese Frage auch so gestellt werden: Wie viel Feuer und Leidenschaft ist in Ihrer Beziehung? Eine kaum genutzte Küche ist also nicht nur ein Hinweis auf ein mögliches Singleleben, sondern auch auf eine gewisse emotionale Kälte oder Distanziertheit, die sich in einer Partnerschaft widerspiegelt. Vielleicht liegt Ihnen auch etwas im Magen. Schauen Sie sich Ihren Essplatz an, er ist ein Symbol für den Magen. Der Herd symbolisiert das Herz. Stellen Sie sicher, dass sich nichts Angebranntes im Ofen oder auf dem Herd befindet, denn dies symbolisiert schmerzhafte Emotionen aus der Vergangenheit.

14. *Gab es einen Wohnungsbrand?*

Es kommt gar nicht so selten vor, dass es in einem Haus oder einer Wohnung brennt, und jeder Brand ist ein Zeichen für eine Transformation. Das heißt, ein wichtiger Wandel findet statt oder steht kurz bevor. Bitte provozieren Sie ein solches Ereignis nicht. Es gibt andere Mittel, um eine Transformation zu erleichtern (zum Beispiel die Meditations-CD zu diesem Buch).

15. *Funktioniert die Heizung?*
Die Heizung Ihrer Wohnung symbolisiert emotionale Wärme. Eine kaputte Heizung weist demnach auf größere emotionale Probleme hin. Bitte seien Sie aufmerksam, und machen Sie sich bewusst, worin die Probleme bestehen.

16. *Klemmen oder quietschen die Türen?*
Türen symbolisieren den Zugang zum Innenleben. Wenn beispielsweise die Tür zu Ihrer Küche oder auch zu Ihrem Schlafzimmer klemmt oder quietscht, ist das ein Hinweis auf Beziehungsprobleme. Eine Haustür, die klemmt oder einfach nur schwer auf- und/oder zugeht, hat mit Ihrer Verbindung zur Außenwelt zu tun. Auch könnte eine emotionale Störung vorliegen. Klärende Meditationen sind empfehlenswert.

17. *Welche Reparaturen waren nötig?*
Alle Gegenstände in Ihrem Haus haben Symbolcharakter: Bett, Couch, Tisch, Stuhl, Kaffeemaschine, Regenschirm, Kühlschrank etc. Stellen Sie sich folgende Fragen zur Selbstanalyse: Wann ist der betreffende Gegenstand kaputtgegangen? Was hat zu der Zeit im meinem Leben nicht funktioniert? Mit welchem Bereich meines Lebens steht dieser Gegenstand in Verbindung? Sie sind in Ihrem Bewusstwerdungsprozess mitt-

lerweile so weit fortgeschritten, dass Sie sicher Ihre eigenen Schlüsse ziehen können.

18. Funktionieren Lampen und Lichtschalter?

Lampen und Lichtschalter symbolisieren den Zugang zur geistigen Welt, zur Welt der Lichtwesen. Wenn Lampen häufig flackern, könnte es sein, dass Wesen aus der geistigen Welt Ihre Aufmerksamkeit suchen. Dabei handelt es sich in der Regel um Seelen und Wesen aus der astralen Ebene. Das elektromagnetische Feld dieser Energiewesen stört auch den Stromfluss in Lampen, Computern, Fernsehern und so weiter. Ich empfehle in solchen Fällen eine Meditation zur Entfernung orientierungsloser Seelen und Wesenheiten, die sich im eigenen Energiefeld oder in Wohn- und Praxisräumen befinden können (die vierte Meditation auf der CD *Quantum-Engel-Heilung*). Mithilfe der Engel können Sie Seelen ebenso ins Licht bringen wie unerwünschte Wesenheiten. Wenn viele Lampen und Lichtschalter im Haus kaputt oder gar nicht erst angeschlossen sind, ist das ein Zeichen für Ängste und einen schwierigen Zugang zur Welt der Lichtwesen.

19. In welchem Stockwerk des Hauses wohnen Sie?

Fertigen Sie eine einfache Zeichnung von dem Haus an, in dem Sie wohnen, und zeichnen Sie ein Körperschema hinein: Der Kopf entspricht dem Dach-, das Basischakra dem Kellergeschoss. (Die Beine fehlen auf dieser Zeichnung beziehungsweise befinden sich in der Erde, aber das ist in Ordnung, denn hier geht es um die Chakren.) Die Lage der Zimmer in den jeweiligen Stockwerken des Hauses steht in Verbindung mit dem entsprechenden Chakra und den damit verbundenen Organen und Lebensthemen. Schauen Sie sich an, in welchem Stockwerk Ihr Schlafzimmer, die Küche, das Kinderzimmer etc. liegt. Passt die Anordnung der Räume zu den Energien der Chakren, oder wäre eine andere passender?

Wenn Sie in einem Mehrfamilienhaus beispielsweise im zweiten Stock wohnen, wird dies, je nach Größe des Hauses, dem zweiten oder dritten Chakra auf Ihrer Zeichnung entsprechen. Der vierte Stock entspricht je nach Hausgröße dem Herzchakra oder auch einem höheren Chakra. Die mit dem jeweiligen Chakra verbundenen Energien zeigen Ihnen die Themen, die für Ihr jetziges Leben wichtig sind. In meinem Buch *Quantum-Engel-Heilung* finden Sie eine ausführliche Beschreibung der Chakren und ihrer Energien sowie der Krankheiten, die entstehen können, wenn die Energien gestört sind. Hier eine kurze Übersicht der Themen:

1. Chakra (Wurzelchakra, rot) – Finanzen, Karriere, materielle Sicherheit, Heim, Familie
2. Chakra (Sakralchakra, orange) – Sexualität, Abhängigkeit (z. B. von Drogen, Alkohol etc.)
3. Chakra (Solarplexus, gelb) – Macht und Kontrolle
4. Chakra (Herzchakra, grün) – zwischenmenschliche Beziehungen, Liebesfähigkeit, Vergebung
5. Chakra (Halschakra, Grünblau) – Selbstausdruck, Kommunikation, die Wahrheit sagen, um Hilfe bitten, Kreativität

6. Chakra (Stirnchakra, Indigo) – Hellsichtigkeit
7. Chakra (Kronenchakra, weiß/gold) – Gottvertrauen, göttliche Führung, intuitives Wissen um Ereignisse

20. Haben Sie einen Balkon oder Garten und nutzen Sie ihn?

Über einen Garten haben Sie Zugang zur Natur und zu den Naturwesen, die Sie auch in Ihr Haus einladen und um Unterstützung im Alltag bitten können, zum Beispiel bei der Pflege Ihrer Zimmerpflanzen und bei der energetischen Reinigung Ihrer Räume. Nutzen Sie die Gelegenheit, um sich bewusst mit den Energien der Erde zu verbinden. Das ist auch auf einem Balkon möglich, wenn Sie sich einfach bewusst mit den Naturelementen und den lichtvollen Naturwesen verbinden. Danken Sie regelmäßig für ihre Hilfe. Wenn Sie keinen Balkon oder Garten haben, dann gehen Sie einfach regelmäßig in der Natur spazieren. Diese Erdung und das regelmäßige Verbinden mit den Energien unseres Planeten helfen Ihnen, sich besser an die derzeitige Energieerhöhung anzupassen.

21. Haben Sie die Hausschlüssel verloren?

Wie Autoschlüssel symbolisieren auch Hausschlüssel den Zugang zur eigenen Identität. Wer Schlüssel oft verliert, hat das Gefühl, den Schlüssel zur eigenen Identität verloren zu haben. Eine solche Person fühlt sich verloren, ist häufig gestresst und hat keine innere Klarheit. Der Zugang zur eigenen Kraft und zur Schöpferverbindung ist nicht spürbar vorhanden. Gibt es eine andere Person, die Ihr Leben bestimmt?

22. *Welche Farben haben Ihre Räume?*

Hier können Ihnen die bereits gegebenen Erklärungen zur Bedeutung von Farben weiterhelfen (Seite 74 bis 75). Über die Farben der einzelnen Chakren (siehe Seite 94 f.) bekommen Sie zusätzliche Hinweise auf die damit verbundenen Themen.

Die Sprache des Körpers

Wenn unsere Seele nachdrücklich um unsere Aufmerksamkeit bitten will, bedient sie sich der Sprache des Körpers. Meistens ist diese Kommunikation mit Schmerzen oder körperlichen Veränderungen verbunden, die wir uns nicht gleich erklären können. Hier geht es allerdings weniger um Krankheiten und deren Heilung als vielmehr darum, dass man sich der symbolischen Bedeutung einzelner Organe und Körperteile bewusst wird.

Ich freue mich zwar immer ganz besonders, wenn Ärzte und andere Menschen in Heilberufen von den Engeln zusätzliche Informationen bekommen und damit vielen Patienten helfen können, aber dieses Buch soll allen Menschen Hilfestellung geben. Auch Laien können die Botschaften der Seele leicht entschlüsseln, wenn sie die Symbolik ihres Körpers kennen. Generell bringt die linke Körperhälfte weibliche Energien zum Ausdruck und die rechte männliche. Aus körperlichen

Veränderungen oder Krankheiten kann man also Themen ableiten, die als Ursache eine Rolle spielen könnten.

Bei vielen Menschen macht sich eine Körperhälfte deutlicher bemerkbar als die andere, beispielsweise der linke Fuß, das linke Knie, die linke Hand etc. In diesem Fall (also wenn die Empfindungen auf der linken Körperseite stärker sind) ist es meiner Erfahrung nach immer so, dass die damit verbundenen Themen und Ursachenenergien beispielsweise die eigene Weiblichkeit, Mutterschaft, die Mutter, Schwester, Tochter oder Freundin betreffen. Die Vorderseite des Körpers symbolisiert die Gegenwart und Themen, deren wir uns eher bewusst sind. Die Rückseite steht für die Vergangenheit und eher unterdrückte, unbewusste Themen.

Wenn Sie die nachfolgende Symbolik auf mögliche Probleme mit den betreffenden Körperteilen oder Organen anwenden möchten, könnte Zahnfleischbluten beispielsweise bedeuten, dass Sie nach Halt im Leben suchen. Das Auflisten sämtlicher Möglichkeiten würde den Rahmen dieses Buches allerdings sprengen. Wenn Sie mehr über das Thema »Emotionale Ursachen von Krankheiten und Krankheitssymptomen« wissen möchten, sollten Sie mein Buch *Quantum-Engel-Heilung* lesen. Dort finden Sie unter anderem ein 70 Seiten umfassendes Register zum Nachschlagen. Hier wollen wir uns auf eine ganz kurze Übersicht der Körpersymbolik beschränken:

Kopf

Allgemein: Gedanken, Ideale, Identifizierung mit der eigenen Vorstellung vom Leben

Gehirn links: logische Gedanken, Erinnerungsfähigkeit

Gehirn rechts: intuitive, kreative Gedanken, Zugang zum Unterbewussten

Gesicht: Bringt zum Ausdruck, wie man sich der Welt zeigen und gesehen werden möchte

Augen: Fenster der Seele. Sie spiegeln die Verbundenheit mit dem Licht/mit der göttlichen Quelle wider.

Ohren: Wahrnehmung der Wahrheit über sich selbst und andere

Nase: Wahrnehmung von Herzenswünschen; Fähigkeit, diese zu leben

Mund: Wahrnehmung des Sinnlichen

Zunge: Wahrnehmung und Fähigkeit, das Süße im Leben zu schmecken und das Bittere zu akzeptieren

Zähne: Fähigkeit zur emotionalen Auseinandersetzung mit Lebensthemen (auch Aggressionen), Fähigkeit, loszulassen, Entschlossenheit

Zahnfleisch: Halt im Leben, Standhaftigkeit

Haare: Sensoren für feinstoffliche Wahrnehmung, Schutz und Aufmerksamkeit

Hals: Fähigkeit, Vergangenheit, Gegenwart und Zukunft wahrzunehmen; zeitliche Flexibilität, Selbstausdruck

Oberkörper

Schultern: Tragen oft das überflüssige energetische Gepäck anderer aus Vergangenheit und Gegenwart

Brust: Schutz für das Herz

Arme: Fähigkeit, das Leben und die Liebe anzunehmen/zu umarmen

Oberarm: Fähigkeit, Unterstützung von anderen anzunehmen

Unterarm: Wunsch nach Liebe, Leben und der Realisierung von Zielen

Ellbogen: Flexibilität für Neues, Verarbeitung der Vergangenheit

Handgelenk: Ausgeglichenheit von Geben und Nehmen

Hände: das Leben /die eigene Lebenssituation begreifen, Bereitschaft, zu fühlen

Handfläche: Fähigkeit, den Lebensweg, Glaubenssysteme, Emotionen und andere Energien wahrzunehmen

Finger: (Be)greifen der Gegenwart und Zukunft, Fühlen und Spüren, Hellfühligkeit

Oberer Teil eines Fingers: Mentalebene

Mittlerer Teil eines Fingers: Emotionalebene

Unterer Teil eines Fingers: körperliche Ebene

Daumen: Verstand, Wille, Kraft, Stärke, Widerstand und Kontrolle

Zeigefinger: Stolz, Ego, Autorität, Kraft, Schuldzuweisungen

Mittelfinger: Ungeduld, Balance, Verantwortungsgefühl

Ringfinger: das Gefühl, angenommen zu sein; Beziehungen, Kreativität, Anpassungsfähigkeit

Kleiner Finger: unbewusste Frustration, Leid, Selbstausdruck

Fingernagel: Schutzbedürftigkeit, Autoaggression (Knabbern)

Rücken

Oberer Rücken: Trägt oft das überflüssige energetische Gepäck anderer, aber auch das aus der eigenen Vergangenheit; Unterdrückung eigener Wünsche

Mittlerer Rücken: Fähigkeit, zwischen den Energien von Himmel und Erde zu vermitteln

Unterer Rücken: Trägt das Gewicht und die Energien der Familie; Stützsystem für andere

Wirbelsäule: Zugang zu allen Bereichen des Lebens, Kanal der Lebenskraft, Flexibilität und Offenheit für alle Existenz- und Energieebenen

Unterkörper

Beine: Stabilität, Kraft, Gleichgewicht, Vorwärts- und Rückwärtsbewegung durchs Leben

Oberschenkel: Bereitschaft vorwärtszugehen und Unterstützung beim Voranschreiten

Unterschenkel: Flexibilität für neue Lebenssituationen, Loslassen von Anspannungen

Knie: Flexibilität auf dem spirituellen Weg

Hüften: Erfüllung des Lebenszwecks

Knöchel: Flexibilität für den nächsten Schritt und kurzfristige Vorhaben

Füße: Selbstunterstützung, Gleichgewicht, Motivation, Verbindung mit der Erde

Fußsohle: Verbindung mit der Erde

Spann: neue Sichtweisen für Gegenwart und Zukunft

Zehen: Ausgeglichenheit von Freiheit und Stabilität

Innere Organe

Herz: Fähigkeit, Liebe zu geben

Magen: Fähigkeit, gegenwärtige Lebensumstände zu verdauen

Leber: Behälter für Zorn, Wut und Ärger

Galle: Festhalten von Bitterkeit

Milz: Akzeptanz und Erneuerung des physischen Körpers

Niere: Behälter für die Angst

Blase: Sammelt Wasser und emotionale Energie, Loslassen

Genitalien: Willenskraft, Mut, Produktivität

Zwölffingerdarm: Verarbeitung aktueller Entscheidungen

Dünndarm: Festhalten/Loslassen von Erinnerungen oder Überzeugungen

Dickdarm: Festhalten/Loslassen von Vergangenem

Mastdarm: Loslassen von Glaubenssystemen und Energien aus der Vergangenheit

Drüsen

Thymusdrüse: Thermostat für die Lebensenergie

Schilddrüse: Kraftzentrum des physischen Körpers (Alter/Jugendlichkeit)

Bauchspeicheldrüse: zuständig für die Süße im Leben

Nebennieren: Speicher von Reserveenergien (Blutdruck)

Zirbeldrüse: Drittes Auge, Wahrnehmung feinstofflicher Energien

Hirnanhangsdrüse: Klarheit (Wachstum/Immunsystem)

Hypothalamus: Zugang zur eigenen Gottesenergie

Eierstöcke: Freude, Liebesfähigkeit, Genuss geben und erhalten

Hoden: Empfindsamkeit, Schutz, Spontaneität

Bewegungsapparat

Knochen: soziale Prägung, Beziehung zu den Eltern, Stabilität

Muskeln: Bewegungsfähigkeit, Energie, Kraft

Gelenke: Flexibilität

Schutz- und Versorgungssysteme

Haut: emotionale Sensibilität, Sicherheit

Blut: Fluss der Lebenskraft und Liebe

Immunsystem: Stärke, Selbstsicherheit, Vitalität (Probleme = Verletzlichkeit)

Nervensystem: Kommunikation mit der geistigen Welt

Sie können jederzeit auf diese Informationen zurückgreifen, wenn Sie sich beispielsweise selbst analysieren. Es ist jedoch hilfreich, zunächst an anderen zu üben. Das kann jemand aus Ihrem Bekanntenkreis sein oder einfach jemand aus dem Fernsehen, der eine bestimmte Rolle spielt. (Die meisten Menschen spielen irgendwelche Rollen, auch ohne Schauspieler zu sein.) Prüfen Sie, ob die Körpersprache beispielsweise eines Schauspielers seine Rolle im Film unterstützt oder nicht. Nehmen wir ein Beispiel aus der jüngsten Geschichte, das die meisten von Ihnen im Fernsehen gesehen haben: Beim Amtsantritt von Präsident Obama sah man den scheidenden Vizepräsidenten Cheney im Rollstuhl sitzend, aufgrund von Problemen im oberen Rücken. In diesem Fall würden Sie zunächst unter »Oberer Rücken« und dann unter »Beine« nachschauen und könnten leicht erkennen, dass es hier um das Tragen von Verantwortung und um die Energien anderer geht, die Cheney am weiteren politischen Vorwärtsgehen hindern. Das macht natürlich ganz viel Sinn, denn es spiegelt seine Situation ebenso wider wie seine Emotionen und Ängste.

Auch für diese Übung gilt: *Haben Sie Spaß bei Ihrem Bewusstseinstraining!*

Mit »Spaß haben« ist gemeint, dass Sie spielerisch mit diesem Wissen umgehen und Ihre Erkenntnisse zur Eigenanalyse nutzen. Vermeiden Sie das Ego-Spiel *Ich weiß etwas, was du nicht weißt.* Auch wenn Sie glauben, etwas über Ihre Mitmenschen herausgefunden zu haben, sollten Sie ihnen Ihre Erkenntnisse und Meinungen nie ungefragt aufdrücken. Das widerspricht allen ethischen Grundsätzen und hat mit spiritueller Bewusstwerdung nichts zu tun. Stellen Sie stattdessen einfach Fragen wie *»Möchtest du über … mit mir sprechen?«* oder *»Kann ich dich bei … unterstützen?«*

Alle diese Informationen sind Teile eines Puzzles, aus dem sich ein größeres Bild ergibt. Wenn dieses Bild für Sie im einen oder anderen Zusammenhang nicht stimmig sein sollte, dann fragen Sie Ihr Hohes Selbst, Ihre eigene Seele. Sie kennt alle Antworten des Universums.

Erkenntnisse, Weisheit und Dankbarkeit

Die Übungen und Erklärungen aus den vorangegangenen Kapiteln sind als Vorbereitung für die neue Zeit ebenso wichtig wie die Aufwärmübungen und das Training beim Sport. Kein Sportler kann sich erlauben, darauf zu verzichten und zum Beispiel einfach ungeübt, mit kalten Muskeln an den Start eines Marathons zu gehen. Solange Sie keine Erkenntnisse über Ihre Vergangenheit und Gegenwart gewonnen haben, können Sie keine Weisheit erwarten, und die wiederum brauchen Sie, wenn Sie Ihre Zukunft ganz bewusst gestalten wollen.

Das Fundament für die neue Zeit

Legen Sie Ihre Schreibsachen bereit und beantworten Sie folgende Fragen:

1. Welche Erkenntnisse habe ich aus der Selbstanalyse gewonnen?
2. Welche Ereignisse in meinem Leben waren/sind schmerzhaft?

3. Was habe ich daraus gelernt?
4. Welche Rolle spiele ich dabei?
5. Wodurch wird mir das gespiegelt?
6. Was gewinne ich durch diese Erfahrung? Liegt darin ein Geschenk?
7. Kann ich zulassen?
8. Kann ich akzeptieren?
9. Kann ich loslassen?
10. Kann ich dankbar sein?

Oft fällt es schwer, dort genau hinzuschauen, wo es Ängste und Probleme gibt. Manche Menschen gehen mit Scheuklappen durchs Leben, andere schauen am liebsten ganz bewusst in eine andere Richtung oder lenken sich ab. Doch Vermeidungstaktiken werden uns in den nächsten Jahren nichts nützen, denn alles, was unter den Teppich gekehrt wurde, wird zum Vorschein kommen. Das ist so in der Phase des Lichts und gilt nicht nur für die von Gier und Macht geprägten Aktivitäten einiger Wirtschaftsmanager und Politiker, sondern für uns alle. Die Phase des Lichts ist gleichzeitig eine Phase der Ethik, der Demut und der Integrität. Diese Werte bilden das Fundament der neuen Zeit, denn die bisherigen Fundamente können die neuen Energien nicht mehr tragen.

Damit nicht plötzlich um Sie herum das Chaos ausbricht, sollten Sie das Fundament Ihres eigenen Lebens möglichst genau prüfen und Stück um Stück herausholen, was Sie selbst unter den Teppich gekehrt haben. Auf diese Weise ebnen Sie Ihren Weg und erleichtern sich den Übergang in die neue Zeit.

Sie können das nur für sich selbst tun, es ist leider nicht delegierbar. Schön, dass Sie dazu bereit sind!

Die nachfolgenden Erläuterungen werden Ihnen helfen, die Bedeutung der oben gestellten Fragen besser zu verstehen.

Zu Frage 1: Sie erhalten ein klares Bild davon, wie es in Ihrem jetzigen Leben aussieht. Prüfen Sie, ob Ihr Leben ein solides Fundament hat oder ob Veränderungen unvermeidbar sind. Je nach Situation steht entweder ein Wechsel an (Arbeit, Wohnung, Partnerschaft) oder ein Krankheitsthema, das der Beachtung und Heilung bedarf.

Haben Sie Ängste? Dann heilen Sie die dahinterstehenden Emotionen. Warten Sie also nicht auf den möglichen Zusammenbruch, sondern werden Sie selbst aktiv. Bitten Sie Gott, Ihre Engel und Ihre Seele um Hilfe, wenn es darum geht, die Ängste zu transformieren und durch die lichtvolle Energie der Liebe zu ersetzen (siehe Seite 42 f.).

Zu Frage 2: Finden Sie heraus, ob die Verletzungen der Vergangenheit immer noch Schmerzen verursachen und somit Heilungsbedarf besteht. Nehmen Sie gegebenenfalls transformierende Energiebehandlungen in Anspruch (zum Beispiel Quantum-Engel-Heilung).

Zu Frage 3: Schauen Sie genau hin, und finden Sie heraus, welche Lektionen Sie gelernt haben. Es könnte zum Beispiel sein, dass Sie als Frau lernen mussten, Ihre eigenen Bedürfnisse zu kommunizieren, Ihre eigene Wahrheit auszusprechen und sich nicht länger unterdrücken zu lassen.

Zu Frage 4: Es ist möglich, dass Sie das Opfer oder der Märtyrer sind. Denken Sie darüber nach und ändern Sie Ihre Rolle.

Zu Frage 5: Es könnte sein, dass Ihnen Ihr eigener Partner durch inakzeptables Verhalten immer wieder gespiegelt hat, dass Sie es nicht geschafft haben, Grenzen zu ziehen, sich zu schützen und zum Ausdruck zu bringen, was Ihnen wichtig ist. (Dies ist nur ein Beispiel.)

Zu Frage 6: Menschen kommen in unser Leben, weil sie uns helfen können, bewusster zu werden, und wir dasselbe für sie tun können. Somit ist jede Begegnung ein Geschenk für beide Personen. Fragen Sie sich: Welches Geschenk konnte ich dieser Person geben? Und: Welches Geschenk hat sie mir gegeben?

Zu Frage 7: An diesem Punkt prüfen Sie, ob beispielsweise Geben und Nehmen immer noch ausgeglichen sind oder ob sich die Waagschale in Richtung eines einseitigen Nehmens geneigt hat. Gibt es Änderungsbedarf? Fühlen Sie sich im Fluss des Lebens? Oder gibt es nur noch Widerstände und klare Hinweise darauf, dass Sie die Lektion gelernt haben und eine Situation beenden sollten?

Zu Frage 8: Es ist schwierig, schmerzhafte Ereignisse zu akzeptieren. Doch solange das nicht geschehen ist, können wir nicht heil werden beziehungsweise die damit verbundenen Energien nicht transformieren. Also senden wir kontinuierlich die gleichen Signale aus. Das wirkt dann so, als würden wir im Restaurant immer wieder das gleiche Essen bestellen, obwohl es schon beim ersten Mal nicht geschmeckt hat.

Zu Frage 9: Solange man eine Person oder ein Ereignis nicht loslassen kann, füttert man das innere »Schmerzmonster« – und es nagt weiter an unserem Herzen. Es ist daher wichtig zu erkennen, dass alles, was geschehen ist, eine Bedeutung für das eigene Wachstum hatte.

Zu Frage 10: Ist es Ihnen nun, nachdem Sie durch den Prozess der Selbstanalyse und Erkenntnis gegangen sind, möglich, dankbar für Ihre Erfahrungen zu sein und den beteiligten Personen ebenfalls zu danken?

Die Energie der Dankbarkeit ist im Zusammenhang mit den Prozessen, die derzeit auf diesem Planeten ablaufen, von großer Wichtigkeit, denn damit können Sie scheinbar unüberwindbare Hindernisse in kleine Stolpersteine verwandeln und auf eine andere Bewusstseinstufe gelangen. Auch die folgende Meditation wird Ihnen dabei behilflich sein.

Der Stein der Weisheit

Versetzen Sie sich an einem ruhigen, angenehmen Ort, wo Sie ungestört sind, in einen tiefen Entspannungszustand. Lassen Sie sich dabei Zeit, und denken Sie an Ihren goldenen Kokon, den Sie vor jeder Meditation noch einmal bewusst aktivieren können.

Atmen Sie nun tief ein und aus und schließen Sie die Augen. Bitten Sie Ihr höheres Selbst, Ihre Seele und die Engel der Klarheit, Sie durch diese Meditation zu begleiten. Lassen Sie sich von ihnen an einen heiligen Ort bringen. Es ist ein heiliger Berg mit einem Eingang wie zu einer Höhle.

Bitten Sie um Einlass in diesen Berg. Der Eingang öffnet sich und schließt sich hinter Ihnen wieder. Ihre Engel führen Sie nun wie durch ein Labyrinth in das Innere des Berges, bis Sie auf der anderen Seite zu einem zweiten Ausgang kommen – das Tor zu einer anderen Welt. Es ist sehr schön in dieser Welt. Gern halten Sie sich dort auf. Es ist möglich, dass Sie dort Elfen und Einhörner treffen. Auch andere Naturgeister werden Ihnen dort begegnen. Sie erkennen plötzlich, dass alles um Sie herum lebt und spricht.

Setzen Sie sich nun neben einen großen Stein. Der Stein ist sehr alt und verfügt über ganz viel Weisheit. Legen Sie Ihre Hände auf diesen Stein. Er spricht zu Ihnen, und was er sagt, berührt Sie ganz tief im Herzen. Hören Sie zu ... Sie können dem Stein auch Fragen stellen, denn er kennt die Bedeutung all Ihrer Erfahrungen. Sie dürfen sich an den Stein anlehnen und dort eine Weile ausruhen. Es wird Ihnen gut tun. Der Stein hat die Fähigkeit, die magnetische Strahlung in Ihrem Körper zu verändern. Er hilft Ihnen, alle auf Ihrer langen Lebensreise angestauten Anspannungen in Entspannung zu verwandeln. Gleichzeitig übernehmen Sie die Weisheit dieses alten Steins und gewinnen Erkenntnisse über den Sinn aller Ereignisse in Ihrem Leben. Das beruhigt Sie, und Sie können alle Anspannung loslassen.

Während Sie sich noch eine Weile dort ausruhen, kommen Elfen und Elfenkinder, die um Sie herum spielen und Ihre Aufmerksamkeit wünschen. Sie haben Blüten und Pflanzen gesammelt und daraus heilende Essenzen angefertigt, die sie in kleinen Eimern mit sich tragen. Diese Essenzen geben sie nun tropfenweise auf Ihre Haut, in Ihren Mund und auf Ihre Energiezentren. Sie reiben sogar Ihre Füße damit ein. Die Essenzen dringen ganz tief in Ihr Wesen ein und wirken dort wohltuend, heilend, transformierend und stabilisierend. Fühlen Sie diese Wirkung.

Bedanken Sie sich nun bei den Elfen, dem Stein und allen Naturwesen. Das weiße Einhorn steht schon für Sie bereit. Es kennt den Weg in Ihre Welt und bringt Sie nun sicher dorthin zurück. Ein tiefes Gefühl der Dankbarkeit für die erfahrene Hilfe durchflutet Sie. Sie sind ganz ruhig und spüren die frischen Energien in all Ihren Zellen.

Öffnen Sie nun langsam wieder die Augen.

Sie werden von nun an viele Dinge anders sehen und Ihren Mitmenschen mit mehr Verständnis und Dankbarkeit begegnen können.

Ausrichtung auf die Zukunft

Zu Beginn dieses Buches habe ich erklärt, warum der 21. Dezember 2012 ein so besonderes Datum ist. An diesem Tag liegen die Erde und unser gesamtes Sonnensystem auf einer Linie mit Alkione und dem Zentrum unserer Galaxie. Mit anderen Worten: Die Erde ist so ausgerichtet, dass eine hohe Lichtenergie (Photonenenergie) quasi durch ein großes Lichttor auf sie trifft, wodurch die Energie auf unserem Planeten deutlich erhöht wird.

Nun stellt sich die Frage: Wie bereiten wir uns am besten auf diese neuen Energien vor? Die Antwort ist einfach: Indem wir unsere eigene Schwingung erhöhen! Wie genau wir das tun können, wird in diesem Buch erklärt.

Die Engel haben mich darauf aufmerksam gemacht, dass das Wort *Ausrichtung* ein wichtiger Schlüssel für die Menschheit ist. Wir können unsere eigene Schwingung erhöhen, indem wir unser Körpersystem ausrichten, statt nur zu beobachten, wie sich die Himmelskörper ausrichten. Auch hier gilt das universelle Gesetz *Wie oben, so unten* oder *Wie im Himmel, so auf Erden*. Eine weitere wichtige Energieerhöhung ist durch die Aktivierung unserer DNS-Lichtcodierungen möglich. Mehr darüber erfahren Sie in Teil 2 ab Seite 169.

Mit »Körpersystem« sind hier vor allem der emotionale, der mentale, der spirituelle und der physische Körper gemeint. Es gibt noch weitere feinstoffliche Körper, auf die ich hier jedoch nicht eingehen möchte. Sicher haben Sie schon einmal gehört, wie über jemand gesagt wurde: »Der hat nicht alle auf der Reihe.« Das bedeutet im Prinzip nichts anderes, als dass Körper- und Energiesystem dieses Menschen nicht richtig ausgerichtet sind. Dann funktioniert nämlich vieles nicht, was beispielsweise in *ver-rücktem* Verhalten zum Ausdruck kommt.

Überall dort, wo unser System nicht ganz auf unsere eigene Mitte beziehungsweise auf das Hohe Selbst ausgerichtet ist, wird das Licht und werden die neuen Energien zunächst nicht durchfließen können, sondern auf Widerstand stoßen. Wenn beispielsweise widerspenstige Anteile des Egos mit dieser neuen, hohen Energie bombardiert werden, geschieht das so lange, bis sich die Widerstände auflösen. Deshalb wird es vor und nach 2012 so viele Veränderungen geben. Die Engel haben mir erklärt, dass es etwa so ist, als würde jemand massiv und laut an Ihre Tür klopfen und Sie nerven, bis Sie schließlich kommen und nachsehen, was da eigentlich los ist. Dieses »Klopfen« kann sich auf der physischen Ebene zum Beispiel darin äußern, dass der Körper Symptome zeigt, die schließlich zu einer oder mehreren Krankheiten führen, bis wir »nachsehen«, sprich: reagieren und etwas ändern. Für die anderen Körper gilt das gleichermaßen, denn alle Körper sind miteinander verbunden. Langjährige Erfahrung hat mich gelehrt, dass ein physisches Symptom (eine Krankheit) verschwindet, nachdem seine emotionale Ursache (z. B. Angst) und seine mentale Ursache (z. B. Glaubenssätze und unterbewusste Programme) aufgelöst wurden. Dieser Prozess geschieht am einfachsten mit Unterstützung des spirituellen Körpers, also der eigenen Gotteskraft beziehungsweise der Seele.

Bevor sich alle Körper aneinander ausrichten können, bedarf es einiger Vorbereitung der einzelnen Körper. Bitte machen Sie zu diesem Zweck die nachfolgenden Übungen.

Warten Sie nicht, bis extreme Veränderungen und vermeintliche Schicksalsschläge über Sie hereinbrechen. Sie können vorher etwas tun!

1. Der Emotionalkörper

Nehmen Sie sich die Liste mit den Ängsten vor, die Sie bei sich selbst und in Ihrem Umfeld entdeckt haben. Vervollständigen Sie diese Liste, und berücksichtigen Sie auch, wovor andere Menschen Angst haben. Genügend Stoff dafür können Sie den Medien entnehmen. Sie werden feststellen, dass es einen Zusammenhang gibt zwischen den Ängsten anderer und Ihren persönlichen

Ängsten. Das Massenbewusstsein wirkt sich auf Ihr Unterbewusstsein aus, ob Sie das nun wollen oder nicht. Der Trick besteht darin, sich möglichst regelmäßig von diesen Ängsten zu befreien, denn auch sie stammen aus Samen, die gesät wurden. Allerdings ist das, was dabei herauskommt, oft das Gegenteil dessen, was Sie sich wünschen.

Nehmen wir das Beispiel von Sabine und Oliver. Sie sparen schon seit zwei Jahren für ein neues Auto und wollen im Frühjahr endlich einen Zweitwagen für Sabine kaufen. Oliver ist unzufrieden mit seinem Job (Außendienst), und obwohl er mit seiner eigenen Firma gut verdient, hat er eigentlich keine Lust mehr, diesen Beruf auszuüben. Er beschwert sich jeden Tag und wünscht sich eine andere Aufgabe. Sabine hat schon lange Angst, dass Oliver irgendwann etwas passieren könnte. Und eines Tages passiert es dann. Ein Lkw kommt von der Fahrbahn ab und rammt Olivers Wagen frontal: Totalschaden für Olivers Auto. Sechs Wochen Krankenhaus und Arbeitsausfall fressen sämtliche Ersparnisse des selbstständigen Oliver auf. Der Wunsch nach einem Zweitwagen für Sabine wird erstmal wieder hintangestellt.

Wie können Sie sich am besten vor solchen oder ähnlichen Erfahrungen schützen? Indem Sie sich Ihrer Ängste bewusst werden, in Ihrem Emotionalkörper aufräumen und sich erinnern, wer Sie in Wirklichkeit sind. Gehen Sie dabei Schritt für Schritt vor. Es ist wirklich zu Ihrem höchsten Wohl. In der neuen Zeit kommt alles ans Licht, und dadurch lösen sich auch die Illusionen der Angst auf.

Die Neophyten im alten Ägypten mussten zum Abschluss ihrer Ausbildung eine Prüfung bestehen, in der leicht festgestellt werden konnte, ob sie sich von ihren Ängsten befreit hatten und in ihrer Kraft waren. Die größte Angst des Menschen ist die Angst vor dem Tod. Also musste sich der Neophyt drei Tage lang in einen steinernen Sarkophag legen, dessen Deckel die ganze Zeit geschlossen blieb. Am dritten Tag wurde der Sarkophag wieder geöffnet, und es war offensichtlich, ob der Neophyt diesen letzten Einweihungsprozess gemeistert hatte oder nicht. Es gibt viele Berichte von den Dingen, die sich in der großen Cheopspyramide abgespielt haben sollen. Sie erinnern an die Einweihungsprüfungen der nordamerikanischen Schamanen, die ich teilweise aus eigener Erfahrung kenne. Bei diesen Prüfungen manifestiert sich das, wovor die Kandidaten am meisten Angst haben, direkt vor ihren Augen: giftige Schlangen, Skorpione etc. Diejenigen, die ihre Ängste transformiert haben, können ihren Einweihungsweg leichter gehen.

Von einem schamanischen Lehrer lernte ich drei goldene Regeln: »Don't touch, don't poke, don't stop.« Das bedeutet sinngemäß: »nichts anfassen, nicht herumstochern, nicht anhalten«. Wenn man sich in unter Umständen recht gefährlichen Einweihungssituationen befindet, sollte man diese Hinweise auf jeden Fall beachten und mutig weitergehen, egal was den Weg auch kreuzen mag. Ich behaupte nicht, dass das leicht ist, doch meiner Erfahrung nach ist es auf Dauer erfolgreich und führt zum Ziel. Die Engel sind unsere Begleiter und helfen immer, wenn wir sie darum bitten. Vor Ängsten und Schwierigkeiten wegzulaufen, ist auf Dauer nicht möglich, denn sie holen uns garantiert ein. Sie können nur durch Energie transformiert werden, und dazu haben Sie hier Gelegenheit. Es hilft Ihnen in Ihrem Bewusstwerdungsprozess, wenn Sie Ihre Ängste zuordnen können.

Hinter scheinbar unerklärlichen Ängsten stehen drei große Themen: Trennung, Selbstwert, Sicherheit.

1. Trennung: Wenn eine Seele auf dieser Erde inkarniert, werden ihre Erinnerungen daran, woher sie kommt, ausgelöscht. Das sieht der Seelenplan fast aller Menschen vor. Lediglich bei der neuen Generation von Lichtkindern ist diese Erinnerung noch aktiv vorhanden. Um intensive Erfahrungen in einem menschlichen Körper machen zu können, werden auch die DNS-Lichtcodierungen deaktiviert (siehe Teil 2 ab Seite 169). Das heißt, der Mensch vergisst, dass er in Wirklichkeit ein

Lichtwesen ist. Zwar ist jeder Mensch noch immer mit der göttlichen Quelle verbunden und eins mit allem, was ist, doch das ist vielen nicht mehr bewusst. So entsteht das Gefühl, getrennt zu sein, die Illusion einer Separierung von Gott, voneinander und von allem, was ist. Deshalb spüren viele Menschen eine tiefe Sehnsucht im Herzen. Sie wollen »zurück nach Hause«, ohne zu wissen, wo dieses Zuhause eigentlich ist. Sie vermuten es auf anderen Planeten, wo alles viel schöner ist als hier. Sie haben vergessen, dass sie sich überall den Himmel auf Erden schaffen könnten und gehen deshalb oft durch die selbst geschaffene Hölle. Zum Beispiel sind viele Partnerschaften vor allem von Ängsten geprägt: Trennungsängste, Verlustängste; Angst, nicht genug zu haben und zu bekommen; Schwierigkeiten loszulassen und die daraus folgenden Dramen und »Schicksalsschläge«.

2. Selbstwert: Die Urangst vor der Trennung und dem damit verbundenen Schmerz sowie die Unfähigkeit, sich zu erinnern, veranlasst die Menschen, nach einer neuen Identität zu suchen. Sie identifizieren sich mit den Rollen, die sie spielen, und setzen Masken auf. Dann sind sie zum Beispiel wichtige Geschäftsleute, bedeutende Künstler, diplomierte Akademiker, »helfende« Therapeuten, kontrollierende Mütter, Tyrannen in der Familie oder in der Firma … Hier ist die Rede von allen Menschen, die sich mit ihren Rollen identifizieren, mit den Dingen, die sie besitzen, und mit dem, was sie tun. Sie sind bemüht, eine Fassade aufzubauen, um ihren mangelnden Selbstwert dahinter zu verstecken. Sie haben ständig das Gefühl, nicht gut genug zu sein, und Angst, jemand könnte das merken. Hinzu kommt, dass wir im Laufe der Zeit eine wettbewerbsorientierte Leistungsgesellschaft kreiert haben, in der jeder stets versucht, der oder die Beste zu sein, beziehungsweise Angst hat, es nicht zu sein. *Survival of the fittest* lautet das Motto des Sozialdarwinismus – und natürlich ist der besonders fit, der die anderen aussticht. Daraus resultiert oft das Bedürfnis, im Recht zu sein beziehungsweise die Angst, Unrecht zu haben oder zu erfahren. Mangelnder Selbstwert führt häufig zu dem Glaubensmuster: »Andere können das viel besser als ich.« Das Vertrauen in die eigenen Fähigkeiten geht verloren oder ist gar nicht vorhanden. Diese Unsicherheit führt zu der Angst, nicht das tun zu können, was man eigentlich tun möchte, und nährt das Glaubensmuster: »Ich habe es nicht besser verdient.« Wenn man glaubt, nicht gut genug zu sein, hat man auch Angst, nicht geliebt zu werden, nicht erfolgreich zu sein und seine Träume nicht leben zu können.

3. *Sicherheit:* Weil Menschen vergessen haben, wer sie sind, und weil sie glauben, nicht gut genug zu sein, können sie ihr authentisches Selbst nicht leben. Aufgrund von tiefem emotionalem Schmerz und entsprechenden Ängsten rüsten sie sich mit Schutzschilden aus und bauen Barrieren um sich herum auf. Einige nutzen ihre

Worte und Taten als Waffen und greifen aus Angst, verletzt zu werden, »sicherheitshalber« andere Menschen an. Daher gibt es Streitigkeiten, Gewaltverbrechen und Kriege auf der ganzen Welt. Die Menschen kreieren schmerzvolle Situationen im Außen, weil sie Schmerz und Trennung im Innern erleben. Sie haben Angst, nicht sicher zu sein, ihren Arbeitsplatz zu verlieren, ihr Geld zu verlieren, Katastrophen zu erleben und so weiter. Diese Ängste werden durch die Medien leider oft noch verstärkt. Beispielsweise ist es durchaus möglich, dass die Horror-Prophezeiungen für 2012 durch die Illusion des Getrenntseins und aufgrund von mangelndem (Selbst-)Bewusstsein noch verstärkt werden. Und genau das können wir gemeinsam verhindern.

Sehr hilfreich für die Reinigung des Emotionalkörpers ist die Chakra-Reinigung, die ich Ihnen für die regelmäßige Energiehygiene und zur energetischen Ausrichtung nur empfehlen kann. Spezifischen Ängsten sollte allerdings einzeln begegnet werden. Eine Chakra-Reinigung ist vergleichbar mit dem Wäschewaschen. In vielen Fällen reicht ein Waschgang völlig aus. Bei hartnäckigen Flecken (ganz tiefen Ängsten) ist es jedoch hilfreich, eine Spezialbehandlung durchzuführen. Eine Angst ist oft mit einer anderen verbunden und diese wieder mit einer anderen, und all diese Ängste breiten sich im gesamten Körpersystem aus. Ängste können sich im Emotionalkörper ebenso vermehren wie beispielsweise Krebszellen im physischen Körper. In der Regel gibt es hier sogar einen Zusammenhang. Allen Ängsten liegt eine sogenannte Angst-Matrix zugrunde. Dazu gehört beispielsweise auch die Angst-Matrix 2012, in der viele Menschen bereits gefangen sind. Eine Matrix ist quasi das »Muttertier« der jeweiligen Angst, und deswegen ist es so wichtig, sich komplett davon zu lösen.

Lösung aus der Angst-Matrix

Legen Sie sich entspannt an einen geschützten Ort, und hüllen Sie sich in Ihren goldenen Kokon. Atmen Sie tief ein und aus, und warten Sie, bis Ihr Herz ganz ruhig schlägt. Es gibt nichts, was Sie stören könnte. Richten Sie Ihre Aufmerksamkeit auf Ihren Herzschlag. Spüren Sie die angenehme goldene Energie, die Sie ganz einhüllt. Bitten Sie nun um Hilfe aus der geistigen Welt. Rufen Sie Ihre geistigen Helfer (Engel, Krafttiere etc.) und lassen Sie sich von Ihrem Schutzengel an einen lichtvollen Ort bringen, um sich aus einer spezifischen Angst-Matrix zu befreien. Dieser Ort kann für jeden Menschen und in jeder Meditation verschieden sein. Wenn Sie dort angekommen sind, sagen Sie laut: »Mit der mir eigenen Gotteskraft, löse ich mich jetzt aus der Angst-Matrix ... « (bitte hier eine Angst aus Ihrer Liste einfügen, zum Beispiel Verlust, Bestrafung, Schmerz, Krankheit etc.)

Sehen Sie mit Ihrem inneren Auge, dass Sie in dieser Angst-Matrix gefangen sind wie in einem Spinnennetz. Bitten Sie Ihre geistigen Helfer um Hilfe, wenn es jetzt darum geht, sich aus diesem Energienetz, aus dieser Angst-Matrix zu befreien. Die Fäden dieses Energienetzes laufen möglicherweise auch zu anderen Menschen aus Ihrer Familie oder Ihrem direkten Umfeld. Manchmal ziehen sie sich auch zu Stellen, die Sie bisher noch nicht einmal bewusst wahrgenommen haben. Fühlen Sie, wie Ihre geistigen Helfer Sie aus diesem Energienetz der Angst heraustrennen und sämtliche Fäden auflösen. Damit lösen sie diese Energie aus Ihrem Emotionalkörper und gleichzeitig aus Ihrem Zellgedächtnis. Mit einem speziellen Reinigungsschaum wird die Energie der Angst komplett aufgelöst. Spüren Sie, wie die geistigen Helfer Sie jetzt mit hellem, klarem Energiewasser aus der göttlichen Quelle reinigen. Freude und Erleichterung macht sich in Ihrem ganzen Wesen breit. Lenken Sie nun Ihre Aufmerksamkeit auf Ihr Herz, und spüren Sie, ob es ruhig schlägt. Bitten Sie dann um zusätzliche Unterstützung durch die Heiler-Engel (z. B. Erzengel Raphael). Bitten Sie sie, in jeder Kammer Ihres Herzens nachzusehen und alle schmerzhaften Erfahrungen zu heilen, welche die alten Ängste verursacht haben. Atmen Sie dabei mehrmals tief ein und aus. Gewähren Sie den Heiler-Engeln Zutritt zu Ihrem Herzen. Sie gehen ganz behutsam und sanft mit Ihnen um. Nun wird heilender Balsam auf die alten Wunden gegeben, und in wenigen Sekunden sind sie verheilt. Ihr Herz und Ihr ganzes Körpersystem füllen sich mit strahlendem Licht, das sich immer weiter ausdehnt und schließlich den ganzen Raum erfüllt. Genießen Sie diesen Zustand, so lange Sie möchten. Ganz langsam bringen die Engel Sie zurück ins Wachbewusstsein. Es geht Ihnen gut. Sie fühlen sich befreit!

2. Der Mentalkörper

Der Mentalkörper ist ein Konstrukt aus Gedanken, Urteilen, Erinnerungen, Glaubenssätzen und Programmen, die in Zusammenhang mit dem Emotionalkörper stehen. Sogar die Erinnerungen aus früheren Leben haben Einfluss auf unsere Emotionen, und oft stehen unbewusste Ängste in Zusammenhang mit früheren Leben. Daraus leiten sich wiederum Glaubensmuster und Programme ab. Man könnte zusätzlich noch den sogenannten Astralkörper erwähnen, in dem die Erinnerungen und das damit verbundene Karma aus früheren Leben gespeichert sind. In meiner Praxis habe ich jedoch die Erfahrung gemacht, dass Emotionalkörper, Astralkörper und Mentalkörper ganz eng miteinander verbunden sind beziehungsweise ineinander übergehen, weswegen ich hier nicht eigens auf den Astralkörper eingehen will. Wenn man auch noch berücksichtigt, dass es eigentlich gar keine Zeit gibt, wird es richtig kompliziert. Mein Bestreben ist es jedoch, Ihnen wichtige Zusammenhänge so einfach wie möglich zu erklären. Deshalb gehe ich nicht näher auf den Faktor Zeit ein, sondern gebe Ihnen lieber ein praktisches Beispiel:

Wenn jemand einen Mann sieht, der eine Pistole auf ihn richtet, bekommt er Angst und fühlt sich bedroht. Vielleicht erinnert er sich unbewusst daran, dass er in einem früheren Leben erschossen wurde. Vermutlich kommt ihm sofort der Gedanke: »Der will mich erschießen.« Auch der physische Körper reagiert, zum Beispiel mit Angstschweiß. Die Seele hingegen ist angstfrei, denn sie weiß, dass alles nach göttlichem Plan geschieht. Dennoch versucht der Mentalkörper auch weiterhin zu verstehen, was eigentlich los ist. Deswegen rasen Tausende von Gedanken durch den Kopf des Betreffenden: Was ist, wenn ich sterbe? Was wird aus meiner Familie? Der Körper schüttet Stresshormone aus, der Mensch leidet, bis er vielleicht einen anderen, klareren Gedanken hat: »Moment mal, das ist eine Wasserpistole, ich werde ja nur nass gespritzt.« Entwarnung in allen Körpern.

Manche Menschen gehen immer gleich vom schlechtesten Szenario aus, häufig aufgrund von negativen Erfahrungen oder Vorurteilen. Noch immer sind weltweit Generationen von Menschen direkt oder indirekt von einem Krieg betroffen. Die schrecklichen Dinge, die damit zusammenhängen, sind noch nicht vergessen und die erlittenen Schmerzen noch nicht geheilt. Auch die Medien haben sich offenbar darauf spezialisiert, vor allem Dramen und Schreckensmeldungen zu verbreiten – angeblich, weil die Konsumenten das so wollen. Hier stellt sich die Frage: »Was war zuerst da, das Huhn oder das Ei?« Ich habe unter Anleitung der Engel entschieden, mit diesem Buch einen positiven Beitrag für 2012 und die neue Zeit zu leisten. Es wird sich zeigen, ob die Leser lieber Schreckensmeldungen konsumieren oder ob sie »Hilfe zur Selbsthilfe« bevorzugen. Der Mentalkörper hat nur eine begrenzte Kapazität. Einige Menschen bilden sich weiter und lernen dazu, während andere fest in dem verankert bleiben, was sie für richtig oder falsch halten. Dabei gibt es gar kein Richtig oder Falsch. (Einen schönen Ansatz zum Infragestellen der eigenen Urteile bietet *The Work* von Byron Katie.)

Es ist nicht abzustreiten, dass Menschen in ihrem Verhalten konditioniert sind. Das heißt, unser Mentalkörper ist sozusagen auf bestimmte Erwartungen programmiert. Als Mitteleuropäer oder US-Amerikaner erwarten Sie beispielsweise nicht, dass Sie beim Spaziergang durch den Wald von einem Tiger überrascht werden, der hinter dem nächsten Busch hervorspringt, denn Tiger gibt es in Ihrer Nachbarschaft normalerweise nicht. Bei Menschen, die im indischen Dschungel groß geworden sind, ist es entsprechend anders. Ihr Mentalkörper ist anders geprägt und demnach auch ihr Bewusstsein und ihre Erwartungen.

Es ist für den Übergang in die neue Zeit wichtig, das eigene Bewusstsein zu erweitern und für alle Möglichkeiten offen zu sein.

Nun stehen wir im Zuge der Bewusstseinserweiterung vor der großen Aufgabe, alles, was in unserem Mentalkörper als richtig oder falsch gespeichert ist, infrage zu stellen. Das heißt nicht, dass das, was wir zu wissen glauben, unbedingt falsch sein muss. Darum geht es gar nicht. Wir sollten nur einfach offen sein für die Frage: »Was, wenn es nun anders wäre, als ich es mir vorgestellt habe?« Die Mentalkörper aller westlichen Menschen sind überfüttert mit Schreckensmeldungen aller Art. Wenn in Ihrem Bekanntenkreis etwas Schreckliches passiert ist, nimmt sofort jemand den Hörer in die Hand, und die Nachricht verbreitet sich in Windeseile. Geschieht das mit guten Nachrichten genauso? Nein! Wir werden zwar angerufen, wenn Timo schwer krank ist, aber der Anruf, der uns darüber informiert, dass Timo wieder gesund ist, bleibt meistens aus.

Warum sind Naturvölker in der Regel so froh und zufrieden? Was ist ihr Geheimnis? Ihr Mentalkörper ist kein überfüllter Mülleimer, voll mit Horrorszenarien aus dem Fernsehen. Sie erwarten nichts Schlimmes und können den Tag deshalb ganz anders genießen. Im Westen bezeichnet man das als Urlaub, und den hat man in der Regel nur wenige Wochen im Jahr. Könnte es sein, dass die Menschen absichtlich in Angst und Schrecken versetzt werden, weil sie dann freiwillig all ihre Rechte aufgeben, um sich unter der Autorität einer Kontrollinstanz sicherer fühlen zu können? Diesbezüglich können Sie in aller Ruhe Ihre eigenen Schlüsse ziehen.

Zur Vorbereitung auf die neue Zeit ist es wichtig, im Mentalkörper Platz für neue Gedanken und Ideen zu schaffen. Die Lösung der derzeitigen Weltprobleme erfordert nämlich die Entwicklung ganz anderer Ideen und Lösungen. Die Kinder der neuen Zeit haben erst gar nicht so viel Müll angesammelt, weswegen ihre Beiträge in den kommenden Jahren von großer Bedeutung sind. Ich werde mich persönlich für die Unterstützung ihrer Ideen und Lösungsansätze engagieren (siehe auch www.lichtkinderkonferenz.de).

Den Erwachsenen kann ich nur empfehlen, Gedankenhygiene zu betreiben, das heißt negative Gedanken und Glaubenssätze in positive zu transformieren. Ich erkläre Ihnen gern, wie das ganz leicht geht: Sobald Sie – oder Menschen in Ihrem Umfeld – einen negativen oder ängstlichen Gedanken äußern, zum Beispiel: »Das schaffe ich sowieso nicht«, rufen Sie laut: »Löschen, Löschen, Löschen«. Dann formulieren Sie den neuen Gedanken: »Natürlich ist es möglich, dass ich das schaffe.« Üben Sie täglich, jeden negativen Gedanken positiv umzuformulieren, indem Sie stets die Möglichkeit einräumen, dass sich Dinge positiv entwickeln *(Es ist möglich, dass …)*. Letztlich kann sich alles positiv entwickeln, vorausgesetzt die Gedanken und Emotionen der Beteiligten sind entsprechend. Das hat die Quantenphysik durch den Beobachtereffekt bewiesen. In Teil 2 (ab Seite 169) erfahren Sie genau, wie Sie sich bewusst mit dem Feld aller Möglichkeiten verbinden und dort Ihre eigene Realität kreieren können.

Es ist nicht wichtig, dass die alten Propheten Recht hatten, als sie vom Weltuntergang sprachen. Es geht darum, dass wir die Erde und ihre Bewohner sicher in die neue Zeit geleiten, und zwar alle gemeinsam und ganz bewusst mit anderen, neuen Gedanken.

MEINE GEDANKEN UND GLAUBENSSÄTZE

Machen Sie eine Liste aller Gedanken und Glaubenssätze, die Sie zu einem bestimmten Thema haben: zum Thema 2012, zum Thema Geld, zum Thema Partnerschaft und so weiter. Wichtig ist, dass Sie wirklich alle Ihre negativen Gedanken zu einem Thema auflisten und dass Sie die Absicht haben, diese zu transformieren.

Ihre Liste könnte so oder ähnlich aussehen:

- Ich glaube, dass 2012 etwas Schlimmes passiert.
- Ich glaube, es kommt zur weltweiten Finanzkrise.
- Ich glaube, es kommt zur weltweiten Energiekrise.
- Ich glaube, wir werden Naturkatastrophen erleben.
- Ich glaube, ein Meteorit trifft die Erde.
- Ich glaube, dass ich alles verliere.
- Ich glaube, dass meine Familie und ich leiden müssen.
- Ich glaube, dass wir hungern müssen.
- Ich glaube, dass wir nicht mehr lange leben.
- Ich glaube, dass die Welt untergeht.
- Ich glaube, ...

Nun stellt sich die Frage, wie wichtig es Ihnen ist, mal wieder Recht zu behalten. Für manche Menschen ist das eine große Genugtuung, etwa nach dem Motto: »Ich habe schon damit gerechnet, dass unser Auto im Urlaub gestohlen wird. Und natürlich hatte ich mal wieder recht. Das musste in so einem Land ja passieren!«

Die Energien unserer Gedanken und Emotionen sind die entscheidenden Zutaten für das Leben in der neuen Zeit.

Transformation negativer Gedanken

Bereiten Sie sich auf diese Meditation vor, indem Sie sich auf einen Stuhl setzen und mit beiden Fußsohlen Kontakt zur Erde halten. Verbinden Sie sich über Ihren Atem mit der Erde. Visualisieren Sie, wie Ihre Energie aus den Füßen austritt und sich um den ganzen Globus legt – als hätten Sie die ganze Welt unter Ihren Füßen. Beim Einatmen visualisieren Sie, wie die Energie der Erde durch Ihre Füße und dann durch Ihren ganzen Körper fließt. Beim Ausatmen fließt sie mit Ihrem Atem aus dem Kopf heraus. Sehen Sie, wie sich eine Klappe in Ihrem Kopf öffnet – Ihr Kronenchakra. Von dort fließt Ihre Energie ins Universum, zu allen Sternen und Planeten. Ihr Körper ist der Energiekanal zwischen Himmel und Erde. Sie atmen ruhig weiter – ein und aus. Sehen

Sie jetzt, wie die Erde unter Ihren Füßen immer größer und größer wird. So groß wie der ganze Raum. Immer größer und größer. Spüren Sie die Kraft der Erde, spüren Sie ihr weibliches Wesen. Spüren Sie, dass die Erde eine mütterliche, verständnisvolle und sehr weise Energie hat. Sagen Sie: »Ich grüße dich, liebe Erde, und bitte dich und deine geistigen Helfer, mir bei der Transformation meiner negativen Gedanken zu helfen.« Die Erde wird es gern tun.

Visualisieren Sie nun einen riesigen Vulkan, und begeben Sie sich zum Rand seines Kraters. Sie sehen die glühende Lava und das Feuer im Innern des Berges, der Millionen Jahre alt ist. Der Vulkan hat große magnetische Kräfte und zieht alle negativen Gedanken aus Ihrem Kopf und aus Ihrem ganzen Wesen. Werfen Sie nun noch Ihre Liste in das Innere des Vulkans. Sie verglüht sofort, und damit wird auch die Energie der negativen Gedanken, die dort aufgeschrieben waren, transformiert. Auch alle Symbole der Kontrolle und alle kontrollierenden Energien aus Ihrem Energiekörper werden von dem magnetischen Vulkan herausgezogen und im Feuer von Mutter Erde transformiert. Begeben Sie sich nun selbst in das glühende Feuer dieses Vulkans, und spüren Sie, dass sich dort nur die dichte Materie auflöst, während Sie selbst als geistiges, göttliches Wesen tief in den Vulkan eintauchen können. Sehen Sie die glühende Lava um sich herum, und tauchen Sie immer tiefer in den Vulkan ein, bis Sie durch verschiedene Erdschichten hindurch ins Reich der Kristalle kommen. Die Kristalle erwarten Sie und freuen sich über Ihren Besuch. Sehen Sie, wie wunderschön diese Kristalle sind. Sie dürfen die Kristalle anfassen und Ihre Energien spüren. Die Kristalle sprechen zu

Ihnen: »Du bist ein grenzenloses, unsterbliches Wesen. Erkenne, wer du in Wirklichkeit bist.« Nun sehen Sie, wie verschiedene Kristalle vor Ihren Füßen zu leuchten beginnen und Ihnen den Weg weisen. Folgen Sie den leuchtenden Kristallen. Sie kommen an einem See vorbei. Es ist der See der Erkenntnis. Sie schöpfen etwas von seinem Wasser mit den Händen und trinken es. Dieses Wasser macht es Ihnen möglich, in die Zukunft zu schauen und zu erkennen, dass alle Negativität nur eine Illusion ist und sich bereits aufgelöst hat. Sie fühlen sich gestärkt und folgen den leuchtenden Kristallen zu einem Schacht mit Öffnung zur Erdoberfläche. Beim nächsten tiefen Ein- und Ausatmen merken Sie, dass dieser Schacht ein Fahrstuhl ist, der Sie nun ganz langsam an die Erdoberfläche bringt. Sie kommen mit Ihrem Bewusstsein genau unter Ihren eigenen Füßen wieder heraus und begeben sich durch die Fuß-Chakren wieder ganz in Ihren physischen Körper. Die Erde lächelt Ihnen zu. Sie bedanken sich bei ihr und spüren, wie leicht Sie geworden sind. Es geht Ihnen gut. Sie wissen, denken und fühlen: »Alles ist gut und alles wird gut.« Schließen Sie Ihr Kronenchakra wieder, und senden Sie ganz viel Liebe und Dankbarkeit aus Ihrem Herzen zur Erde und zu allen Planeten im ganzen Universum.

3. Der spirituelle Körper

Von allen Körpern unseres Körpersystems hat der spirituelle Körper die höchste energetische Schwingung. Wie durch einen Filter kommunizieren wir durch ihn mit der geistigen Welt und unserer Seele. Je höher die eigene spirituelle Entwicklung ist, desto klarer und durchlässiger ist dieser Filter. So wird am Ende die ungefilterte Kommunikation mit allem, was ist, möglich. Der Durchmesser des spirituellen Körpers beträgt zwischen einem Meter und mehreren Kilometern bei spirituell hoch entwickelten Menschen. Der spirituelle Körper ist durchflutet von der eigenen Gottesenergie und verbunden mit der höchsten Ebene allen Seins (Gott). Es gibt keine Trennung. Der spirituelle Körper leitet Informationen in Form von Energieimpulsen an den Mentalkörper und an den Emotionalkörper weiter. So wirken diese Energiekörper als Filter für unser Bewusstsein.

Unser spiritueller Körper ist auf unser höchstes Potenzial ausgerichtet. Es ist so ähnlich wie beim Stimmen eines Musikinstruments. Alle Saiten müssen eine gewisse Spannung haben beziehungsweise in einer bestimmten Tonfrequenz schwingen, damit sie gut klingen. Den richtigen Ton gibt unsere Seele an.

Alle Menschen haben einen bestimmten Seelenplan oder Seelenauftrag. Auf der Seelenebene gibt es keine Begrenzungen. Manche Seele inkarnieren in einem physischen Körper, andere nicht. Auch das ist im Seelenplan so vorgesehen. Durch die Verbindung mit der eigenen Seele, der eigenen Gotteskraft kann man die Schwingung des spirituellen Körpers erhöhen und den eigenen Seelenplan ändern. Das ist im Hinblick auf die neue Zeit sehr bedeutend, denn so wird es möglich, entscheidende Ereignisse in anderer Form und Intensität zu erleben. Wenn in Ihrem Seelenplan beispielsweise vorgesehen ist, dass Sie Verlust erleben sollen, kann dies in ganz verschiedenen Ausprägungen erfolgen. Ähnlich wie für Erdbeben gibt es auch eine Richterskala für die Seele. Es muss nicht immer eine Seelenerfahrung der Stärke 7 oder 8 werden.

Die Engel geben mir folgendes Bild: Es ist so ähnlich, als würden Sie einen Stein ins Wasser werfen. Je nach der Größe des Steins entstehen unterschiedlich viele und unterschiedlich große Wasserringe, die in diesem Fall die anderen Körper symbolisieren. Auf der Seelenebene entscheidet auch die Größe des Steins beziehungsweise die Intensität eines Ereignisses über die Auswirkungen auf die anderen Körper. Sie können Ihren spirituellen Körper vorbereiten (zum Beispiel durch folgende Meditation) und so die Intensität der anstehenden Erfahrungen in Ihrem Leben beeinflussen.

Die folgende Meditation berücksichtigt die Gesetzmäßigkeiten der Quantenphysik. Sie ist so wirksam, dass Sie damit Ihr ganzes Leben neu und positiv gestalten können. Alle Körper richten sich aus – auf Ihr höchstes Wohl, auf das der Erde und auf das höchste Wohl allen Seins.

Ausrichtung auf das höchste Potenzial

Schließen Sie die Augen, und legen Sie sich an einen Ort, an dem Sie gut entspannen können. Hüllen Sie sich in eine Decke ein, und visualisieren Sie Ihren goldenen Kokon. Ihr Atem fließt ruhig und entspannt. Machen Sie sich bewusst, dass Ihr physischer Körper aus lauter kleinen Energieteilchen besteht. Je schneller diese Teilchen schwingen, desto höher wird Ihre eigene Energie. Beobachten Sie jetzt, wie diese Teilchen immer schneller schwingen und Ihr physischer Körper sich quasi in Luft aufzulösen scheint. Sie haben immer mehr das Gefühl, dass Sie diesen Prozess mit Ihrem Bewusstsein steuern und so mit Ihrem physischen Körper an einen anderen Ort und in eine andere Zeit reisen können. Atmen Sie tief weiter ein uns aus.

Sie sind nun losgelöst von Zeit und Raum – ein Teil des großen quantenphysischen Felds. Es ist das Feld aller Lichtteilchen, das Feld aller Lichtwellen. Diese Teilchen und Wellen können jede feste Form annehmen. Nichts ist unmöglich, nichts ist vorherbestimmt. Alles ist Bewusstsein.

Bitten Sie jetzt Ihr Hohes Selbst, Ihre eigene Seele um den Impuls des höchsten Wohles für Sie selbst, für alle anderen und für die Erde. Befreien Sie sich von allen Vorstellungen und Erwartungen, und lassen Sie die Bewegungen der Lichtteilchen und Lichtwellen zu, die nun pulsieren, das Licht reflektieren und sich neu formieren. Als würde ein göttliches Musikinstrument gestimmt, richten sich die Teilchen und Wellen an der Frequenz des höchsten Wohles aus. Es ist möglich, dass Sie dies als Farben oder Töne wahrnehmen. Alles tanzt und schwingt. Lassen Sie sich Zeit. Werden Sie eins mit diesem Feld, und spüren Sie die Veränderung in Ihrem spirituellen Körper. Spüren Sie, wie er sich immer mehr ausdehnt. Ihr ganz individueller Seelen-Ton schwingt und klingt und beeinflusst so die Anordnung aller Teilchen und Wellen. Beobachten Sie auch, wie einige Teilchenformationen zerfallen und sich neu und anders formieren. Es entsteht eine göttliche Ordnung, die Ordnung des höchsten Wohls. Es gibt keine scharfen Ecken und Kanten. Alles erscheint rund. Es gibt keine Reibung, nur Harmonie und Gleichklang. Die Lichtteilchen und Wellen senden nun verstärkt eigene Impulse aus und ziehen damit weitere Teilchen an. Ihr spiritueller Körper formt sich neu und sendet Impulse an Ihre anderen Körper. Ihr Emotionalkörper formt sich neu, Ihr Mentalkörper formt sich neu, Ihr Leben formt sich neu. Spüren Sie nun ebenfalls ganz deutlich, wie Ihr physischer Körper kribbelt und sich neu formt. Es ist, als könnten Sie all seine Bausteine einzeln spüren. Spüren Sie die neue Energie in Ihrem Körper. Es ist die Neuausrichtung auf Ihr höchstes Wohl.

Wenn Sie dazu bereit sind, öffnen Sie die Augen. Sie wissen, dass etwas ganz Besonderes geschehen ist.

Danken Sie an dieser Stelle der geistigen Welt, denn von ihr haben Sie dieses wertvolle spirituelle Handwerkszeug erhalten. Nutzen Sie es regelmäßig!

Ich wünsche mir, dass Tausende von Lesern dieses Buches ihr Bewusstsein auf das höchste Wohl ausrichten. Die hohen Lichtenergien um 2012 werden dies unterstützen und verstärken. So können wir gemeinsam einen wichtigen Beitrag für eine wundervolle Zukunft auf diesem Planeten leisten. Unsere Kinder und die nachfolgenden Generationen verlassen sich darauf!

4. Der physische Körper

Der physische Körper ist ein Wunderwerk der Natur. In jeder Zelle des Körpers sind alle wichtigen Informationen gespeichert. So, als hätte ein Architekt den Bauplan des Hauses auf alle verwendeten Baustoffe notiert, ist der Bauplan für jeden Menschen in dessen DNS gespeichert. In den letzten Jahrzehnten hat die große Mehrheit der Wissenschaftler nur die sogenannte Doppelhelix, die zweisträngige DNS, erforscht. Sie gingen davon aus, dass ein gewisser Anteil »Junk-DNS« (engl. *junk* = »Schrott«) ist, also unwichtig und unerheblich für den Menschen. Erst seit Neuestem wird auch die Funktion der »Junk-DNS« erforscht, wobei jedoch deren spirituelle Bedeutung nicht im Vordergrund steht. Darauf werde ich im nächsten Kapitel ganz speziell eingehen. Unser physischer Körper interagiert mit den Energiekörpern. Botschaften aus dem Emotionalkörper werden beispielsweise über das Chakren-System in den physischen Körper weitergeleitet. So führt etwa emotionaler Stress zur Ausschüttung von Hormonen, die bestimmte Körperfunktionen regulieren. Um die Schwingung des physischen Körpers zu erhöhen ist es hilfreich, Nahrungsmittel auszuwählen, die ebenfalls eine hohe energetische Schwingung haben. Die energetische Schwingung eines Nahrungsmittels wird, genau wie die des physischen Körpers, von seinem Umfeld beeinflusst. Mit diesen Einflussfaktoren aus der Umwelt beschäftigt sich unter anderem die Wissenschaft der Epigenetik. Sie konzentriert sich auf Vorgänge, die *epi,* also jenseits der Grundprinzipien ablaufen. Das ist ein Thema, bei dem sich vielen traditionellen Genforschern und Zellbiologen die Nackenhaare sträuben. Nach neuesten Erkenntnissen der Epigenetik sind Umweltfaktoren ebenso wie Emotionen und Gedanken ausschlaggebend für die Prozesse, die im physischen Körper ablaufen. Unter anderem haben sie Einfluss darauf, welche Krankheiten sich entwickeln oder eben nicht. Es sind nämlich nicht prinzipiell »die Gene an allem schuld«. Selbst wenn ein Gen festgelegte Informationen enthält (genetischer Code), werden diese nicht immer automatisch aktiviert (vgl. Bruce Lipton, *Intelligente Zellen*).

Weitere Faktoren, welche die Schwingung des physischen Körpers erhöhen, sind ein gesunder Schlafplatz (frei von Elektrosmog, Erdstrahlen und unerwünschten geistigen Wesenheiten), saubere Luft, sauberes Wasser, Kristalle, Meditation, Bewegung, eine glückliche Partnerschaft, ein erfüllender Beruf und vor allem liebevolle Menschen im direkten Umfeld.

Das menschliche Bewusstsein

Vieles, was wir mittlerweile über den Einfluss energetischer Schwingung auf das menschliche Bewusstsein wissen, verdanken wir David R. Hawkins (Autor von *Power vs. Force*, deutsch: *Die Ebenen des Bewusstseins*). Er hat herausgefunden, dass auf einer bestimmten Energieebene (200 auf seiner Skala) ein entscheidender Bewusstseinswandel stattfindet, der die Menschen aus Lethargie und Angst in einen Wachzustand führt, der auch durch Mut gekennzeichnet ist. Genau das wünschen wir uns für die neue Zeit!

Während die Energien von Angst, Scham, Schuld und Trauer auf Hawkins' Skala unter 100 liegen, haben die Energien von Akzeptanz (350), Vernunft (400), Liebe (500), Freude (540) und Frieden (600) einen positiven Einfluss auf das menschliche Bewusstsein. Erkennen Sie nun die Bedeutung der in diesem Buch beschriebenen Übungen und Meditationen?

Laut Hawkins findet auf der Energieebene 700–1000 Erleuchtung statt. Das kann ich Ihnen natürlich nicht versprechen. Doch den Weg dorthin sollten Sie kennen. Und Sie sollten wissen, dass Sie entscheiden, in welcher Welt Sie leben möchten. Wenn Sie sich Ihrer Umwelt und Ihres eigenen Vierkörpersystems bewusst werden und wenn Sie beispielsweise energieerhöhende Meditationen machen, wird der Übergang in die neue Zeit für Sie persönlich zur wundervollen Erfahrung werden.

Ich sehe meine wichtigste Aufgabe als Autorin darin, Sie daran zu erinnern, dass Sie in jeder einzelnen Zelle Ihres physischen Körpers sowie in Ihrem ganzen Vierkörpersystem Gotteskraft tragen – die Kraft der Liebe. Unter Erleuchtung verstehe ich, diese Gotteskraft zu jeder Zeit bewusst zu spüren und zu leben. In all unseren Genen ist ein göttlicher Code einprogrammiert (vgl. Gregg Braden, *The God Code*). Das heißt, wir alle haben das Potenzial, diese Gotteskraft zu aktivieren und zu nutzen.

Hawkins hat zwei faszinierende Statistiken vorgelegt, aus denen wir schließen können, dass ein einziger Avatar (erleuchteter Gott/Mensch, der sich seiner Gotteskraft voll bewusst ist) auf der Energieebene 700 oder darüber die negativen Energieebenen der ganzen, heute lebenden Menschheit ausgleichen kann. Positive Veränderungen auf unserem Planeten und der dazu nötige Bewusstseinswandel können langsam stattfinden, aber auch sprunghaft. Das lässt doch hoffen oder?

Verzweifeln Sie nicht an Ihren Mitmenschen und möglichen schwierigen Situationen. Leisten Sie innere Arbeit und verändern Sie so die Welt!

HOCHSCHWINGER, NIEDRIGSCHWINGER UND ENERGIERÄUBER

Zeichnen Sie eine Tabelle mit drei Spalten. In der ersten, linken Spalte listen Sie alle Menschen aus Ihrem direkten Umfeld auf, die aus Ihrer Sicht eine hohe energetische Schwingung haben, und schreiben jeweils ein Plus (+) hinter den Namen. In die mittlere Spalte kommen die »Niedrigschwinger« mit einem Minus (–) hinter dem Namen und in die dritte, rechte Spalte die »Energieräuber« mit einem Doppel-Minus (=). Ziehen Sie Bilanz und lassen Sie die entsprechenden Konsequenzen folgen.

Überprüfen Sie anschließend Ihr Arbeitsumfeld, Ihre Wohnsituation, Ihren Tagesablauf, Ihre Nahrung und alle anderen Umweltfaktoren im Hinblick auf hohe beziehungsweise niedrige energetische Schwingung. Vertrauen Sie dabei auf Ihre Intuition.

Haben Sie erkannt, was Sie in Ihrem Leben ändern können, um Ihre eigene energetische Schwingung zu erhöhen? Zu einigen »Niedrigschwingern« können Sie von nun an bewusst mehr Abstand halten. Energetisch ungünstige Faktoren können Sie eliminieren beziehungsweise optimieren. Durch Ihr eigenes, bewusstes Verhalten können Sie – wie die strahlende Frühlingssonne – Licht ins Dunkel bringen, und alles um Sie herum wird sich positiv verändern.

Das universell gültige Gesetz der Resonanz sorgt dafür, dass sich Energiefelder einander angleichen.

Aufwachen, Erden und Erkennen

Es geht nicht darum, dass man durch Lernen, Üben und Selbsterkenntnis irgendwann zu den »Eingeweihten« gehört, während die anderen nicht eingeweiht sind. Es geht vielmehr darum, dass wir alle aufwachen und uns unserer wahren Identität sowie der wahren Identität unserer Mitmenschen bewusst werden.

Aufwachen

Aufwachen bedeutet in unserem Zusammenhang, dass wir unsere wahre Identität und das damit verbundene Potenzial erkennen. Sicher haben Sie schon oft Sätze wie diese gehört: »*Ich* bin doch auch nur ein Mensch. Was soll *ich* schon ändern an der Welt.« Hier wird das *Ich* mit einer Rolle identifiziert, welche die jeweilige Person in diesem Leben spielt.

Sind Sie persönlich bereit, sich Ihrer Rolle(n) bewusst zu werden und sich davon zu lösen? Sie werden angenehm überrascht sein, was Sie dabei entdecken können.

Sind Sie wirklich bereit? Dann sprechen Sie bitte folgende Affirmation dreimal laut aus:

Ich entscheide mich aufzuwachen.
Ich entscheide mich aufzuwachen.
Ich entscheide mich aufzuwachen.

Machen Sie eine Liste aller Rollen, Funktionen, Titel und Ämter, die Sie in Ihrem Leben hatten und haben und mit denen Sie sich identifizieren. Denken Sie dabei gut nach.

Zehn Fragen können Ihnen helfen, sich Ihrer Rollen bewusst zu werden:

1. Welchen Namen haben Sie? (auch Spitznamen)
2. Welchen Beruf(e) und ggf. welche akademischen Titel haben Sie?
3. Welche Funktion(en) üben Sie im Alltag aus?
4. Welche Rolle spielen Sie in der Familie? Sind Sie Mutter oder Vater?
5. Haben Sie besondere Auszeichnungen erhalten?
6. Welcher Religion gehören Sie an?
7. Welchem Land, welcher Region oder Stadt?
8. In welchem Verein oder welcher Partei sind Sie Mitglied?
9. Was sind Ihre Hobbys?
10. Wovon sind Sie Eigentümer?

Diese zehn Fragen helfen Ihnen, mit Ihrer Liste zu beginnen. Lassen Sie Ihre Antworten mit *Ich bin* … anfangen. Gehen Sie nach Beantwortung dieser Fragen systematisch durch Ihr Leben, und schreiben Sie auch alles auf, womit Sie sich in der Vergangenheit identifiziert haben. Die Liste könnte recht lang werden. Überlegen Sie gut.

Wenn Sie sich in einer neuen Gruppe vorstellen sollten, was würden Sie sagen?

Ich bin …

Die Startliste von Andrea sah so aus:

1. Ich bin Andrea Schneider, geb. Pfeffersack. (Mein Spitzname in der Schule war Salzfass, weil ich so dick war.)
2. Ich bin Diplom-Sportlehrerin.
3. Ich bin Lehrerin und Leiterin des Schulchors.
4. Ich bin Tochter. Ich bin Ehefrau. Ich bin Mutter von zwei Kindern.
5. Ich bin Preisträgerin eines Literatur-Wettbewerbs.
6. Ich bin Katholikin.
7. Ich bin eine Deutsche aus dem Rheinland.
8. Ich bin Ehrenmitglied im Roten Kreuz und ich bin zweite Vorsitzende des Reitervereins.
9. Ich bin Reiterin und Organisatorin von ehrenamtlichen Sammlungen.
10. Ich bin Autobesitzerin, Pferdebesitzerin, Hausbesitzerin etc.

Erkennen Sie, dass es sich bei allem, was auf Ihrer langen Liste steht, lediglich um Rollen handelt, die Sie spielen wie in einem Theaterstück. Alle Rollen, die Sie spielen oder jemals gespielt haben, binden Ihre Energien und somit Ihre Kraft. Damit Sie Ihre eigene göttliche Kraft aktivieren können, müssen Sie sich energetisch von allem lösen, was Sie aufgeschrieben haben.

Nehmen Sie jetzt einen dick schreibenden Stift und streichen Sie all diese Rollen durch. Sagen Sie bei jeder Rolle: »Als die/der, die/der ich bin, löse ich mich jetzt von den Energien der Rolle ... *(bitte aus Ihrer Liste einfügen).*« Vor jedem Durchstreichen atmen Sie tief durch die Nase ein, und während Sie die Rolle durchstreichen, atmen Sie kräftig wieder aus.

Dann sagen Sie erneut: »Als die/der, die/der ich bin, löse ich mich jetzt von den Energien der Rolle ... *(bitte nächste Rolle aus Ihrer Liste einfügen).*«

Mit Ihrem Atem fließen alle limitierenden Energien aus Ihrem Körpersystem. Pusten Sie die Atemluft also kräftig hinaus. Sie können bei einer einzigen Rolle auch mehrmals ein- und ausatmen. Dann spüren Sie umso deutlicher, wie sich die Energien lösen. Am Ende der Übung sagen Sie dreimal:

Ich bin frei.
Ich bin frei.
Ich bin frei.

Am Ende können Sie das Blatt Papier mit Ihrer Liste sogar verbrennen – symbolisch für die nun transformierten Energien. Sie werden erleichtert sein und die Auswirkungen dieser Übung deutlich spüren. Wenn sich während dieser Übung etwas in Ihnen dagegen sträubt, so ist das ein gutes Zeichen, denn es macht die Anhaftungen des Egos deutlich, die bei uns allen vorhanden sind. Erkennen Sie auch, womit Sie sich vielleicht früher einmal identifiziert haben und heute nicht mehr. Ihr Bewusstsein hat sich also bereits verändert und wird es auch weiterhin tun. Erkennen Sie, dass Sie in Wirklichkeit nichts von dem sind, was auf diesem Zettel stand. Wenn Sie sich nun die Frage stellen »Wer bin ICH?«, sind Sie dem, was für die neue Zeit ganz wichtig ist, bereits einen großen Schritt nähergekommen.

Von einem Schamanen habe ich gelernt, dass ein echter Schamane nie von sich selbst behauptet, Schamane zu sein. Er mag es auch nicht, wenn andere ihn so nennen und ihn damit in eine Schublade stecken. Ein echter Schamane ist sich bewusst, wer er oder sie in Wirklichkeit ist: ein lichtvolles, göttliches Energiewesen ohne Begrenzungen und mit allen Möglichkeiten des Seins. Allein der Titel »Schamane« wäre eine einschränkende Definition und würde ein unbegrenztes Wesen daran hindern, all das zu sein, was es außerdem auch noch sein könnte. Echte Schamanen beherrschen das, was man auf Englisch *shape shifting* nennt. Sie sind in der Lage, alle Formen anzunehmen, die sie annehmen möchten. Sie können sich beispielsweise in einen Adler verwandeln oder die Form eines beliebigen anderen Lebewesens annehmen. Ich habe dies schon mit eigenen Augen gesehen, und das Faszinierende daran ist, dass wir prinzipiell alle über solche Fähigkeiten verfügen.

Wenn wir also nicht Name, Titel oder Rolle sind, wer sind wir dann? Um das herauszufinden, gehe ich in meinen Ausbildungsseminaren auf die Teilnehmer zu und stelle jedem Einzelnen die Frage: *Wer bist du?*

Ich bekomme die unterschiedlichsten Antworten (Namen, Rollen, spirituelle Konzepte etc.) und viele reagieren zunächst ratlos. – Können Sie diese Frage beantworten? Zur Lösung dieses Rätsels erkläre ich Folgendes:

Denken Sie an das englische Wort für Mensch: HUMAN. Auch im Deutschen haben wir den Begriff »human« mit der Bedeutung »menschlich«. Schreiben Sie das Wort HUMAN auf und trennen Sie es dann in seine beiden Silben: HU und MAN. Was bedeutet HU und was MAN? MAN kann zurückgeführt werden auf das Sanskrit-Wort *manus* (Mensch) oder auch auf das lateinische Wort *manus* (Hand, Arbeit, Werk). Dieses MAN bedeutet also nicht nur einfach Mensch, sondern beinhaltet auch alle Rollen, die wir spielen, alle Funktionen, die wir übernehmen, und alle Masken, die wir tragen.

Doch was bedeutet HU?

Wir sind in Wahrheit nicht *nur* Mensch, wir sind auch HU! Im Sanskrit, in der Kabbala, im Sufismus, bei den Druiden, den Tibetern, im alten Ägypten und sogar im *Oxford Dictionary* steht die Silbe HU für Gott. Wie kann das sein? Bedeutet das etwa, dass wir HUMAN = GOTTMENSCH sind? Ganz genau, das bedeutet es! Wenn wir diese Tatsache vollkommen realisiert haben und das damit verbundene Potenzial aktivieren, sind wir wirklich aufgewacht. Dafür können wir uns bewusst entscheiden.

Ich kann mir vorstellen, dass einige Leser dieses Konzept erst einmal sacken lassen müssen. Mir ging es genauso, als mir mein Lehrer Zohar es mir vor vielen Jahren erklärte. Es hat mir damals geholfen, den Satz *Ich bin die Kraft Gottes für mich* erst mehrmals laut zu sagen, ihn dann zu denken und schließlich auch die damit verbundene Energie zu fühlen. Die Kraft Gottes ist die Kraft der Liebe, und es ist genau diese Kraft, die uns alle verbindet. Warum *Kraft Gottes für mich*? mögen Sie sich fragen. Es bedeutet, dass man nicht für jemand anderen Gott sein oder sich über andere stellen sollte. Im Gegenteil: Es geht um die Erkenntnis, dass diese Gotteskraft ebenso in jedem Menschen ist wie in allen anderen Lebewesen und in allem, was ist.

Versuchen Sie es. Sprechen Sie diesen Satz laut aus, und fühlen Sie dabei, wie alle Zellen Ihres Energiekörpers zu schwingen beginnen.

Sie können die Silbe HU (sprich: *Hiu*) auch wie ein Mantra benutzen, indem Sie zunächst tief durch die Nase einatmen und beim Ausatmen auf dem höchsten Ton, den Sie ohne Probleme erreichen können, HIUUUUUU singen. Die dadurch ausgelöste Schwingung hat eine sehr hohe Frequenz, die Heilungsprozesse unterstützt und Ego-Blockaden auflösen hilft. Wenn Sie die Augen dabei schließen, sehen Sie mit Ihrem geistigen Auge, wie sich Energiewellen kreisförmig in Ihrem ganzen Körpersystem ausbreiten. Versuchen Sie es, zum Beispiel vor dem Einschlafen oder in jeder Situation, in der Sie Klarheit brauchen, Ängste spüren oder vergessen haben, wer Sie in Wahrheit sind.

Auch das vielen bekannte Mantra OM (sprich: *AUM*) kann die Schwingung in unserem Körpersystem oder in einem Raum kurzfristig verändern, indem es negative Emotionen in Harmonie und friedvolle Emotionen umwandelt, aber es wirkt auf einer Ebene, auf der noch Dualität existiert. Das Mantra HU hingegen hat eine noch höhere Schwingung. Es wirkt daher auch in Dimensionen, die über die Ebene der Dualität hinausgehen, und sorgt für die Aktivierung des Einheitsbewusstseins. Dann sind wir in der Lage, die Dinge nicht von der Mensch-Ego-Ebene, sondern von der Seelenebene aus zu betrachten.

Das Singen der Silbe HU wirkt sich positiv auf das zentrale Nervensystem und damit auf unser Bewusstsein aus. Es unterstützt die Aktivierung der Hellsichtigkeit, Hellhörigkeit, Hellfühligkeit und aller anderen, uns angeborenen natürlichen Fähigkeiten, die wir in der neuen Zeit besonders gut gebrauchen können.

HU ist der kürzeste Weg zu uns selbst – und der kürzeste Weg zu Gott.

Erden

Viele Menschen, die sich auf dem spirituellen Weg befinden und wie ich mit Engeln beschäftigen, lieben die Energien der hohen Lichtwesen und entschwinden beispielsweise während einer Meditation gern in höhere Sphären. Während ich dieses Buch schrieb, bekam ich allerdings viel Besuch von den Naturwesen, die mit aller Macht und mit allen Tricks auf sich aufmerksam gemacht haben. Sie sind in meinen Träumen erschienen und haben sich namentlich vorgestellt. Sie haben mir sogar durch eine befreundete Künstlerin (spirituelles Medium) ein Bild zukommen lassen. Eines Tages rief meine Freundin an und erzählte, die Naturwesen hätten sie kontaktiert und sie solle unbedingt dieses Bild malen. Das gechannelte Bild, auf dem die Naturwesen, meine Krafttiere, ein Regenbogen, Kristalle und Pflanzen zu sehen sind sowie ich selbst und das Buch, das ich gerade schreibe, hängt nun neben meinen Engelbildern über meinem Schreibtisch und erinnert mich täglich daran, die Erde beziehungsweise die Erdung nicht zu vergessen.

Die Erdung erfolgt am besten über das bewusste Verbinden mit unserem Erdenstern, dem Chakra unter unseren Füßen, das etwa 40 Zentimeter oder noch tiefer in die Erde hineinreicht. Über den Erdenstern sind wir mit dem Gitternetz der Erde verbunden. Und in dieser bewussten Verbindung erkennen wir, dass wir Lichtwesen sind – Seelen, die eine Erfahrung in einem physischen Körper machen. Es ist wichtig, dass wir die hohen Energien unseres göttlichen Selbst über den Erdenstern mit dem Energiegitter der Erde verankern. Dann fällt es uns auch bedeutend leichter, das zu manifestieren, was wir uns wünschen beziehungsweise kreieren möchten. Wir bringen die Möglichkeiten, die in den hohen Dimensionen – im quantenphysischen Feld – schon bestehen, in unsere Realität, holen sie also quasi zu uns auf die Erde. Das ist ohne gute Erdung nur schlecht möglich.

Bevor ich zum Beispiel ein Buch schreibe, sehe ich es schon fertig geschrieben in höheren Dimensionen. Ich brauche es nur noch runterzubringen auf die Erde. Dieses »Runterbringen« übe ich noch, und manchmal ist es wie in den ersten Stunden auf dem Fahrrad: wackelig, aber mit etwas Übung klappt es immer besser.

Eine meiner Leserinnen schrieb mir neulich: »Sie sind so schön bodenständig mit dem Universum verbunden.« Darüber habe ich mich gefreut, denn ich halte es für sehr wichtig, gut geerdet zu sein. Das gilt auch und vor allem für Menschen, die hohe, lichtvolle Energien channeln. Nur wer geerdet ist, kann die Kraft wie ein Blitzableiter in die Erde leiten, ohne dass Schaden angerichtet wird. Wenn die Erdung fehlt, kann es leicht zu Schädigungen des Nervenkostüms kommen. Nicht umsonst gelten einige spirituelle Medien als »etwas durchgeknallt«. Sie schweben meistens in anderen Regionen und sind kaum mit der Erde verbunden. Anderen wiederum fällt es schwer, sich für die Kommunikation mit hohen Lichtwesen zu öffnen, weil sie Angst haben, anschließend auf der Erde, also in ihrem Alltag nicht mehr klarzukommen. Dabei kann jeder, der möchte, lernen, wie man ein klarer Kanal zwischen Himmel und Erde wird. Eine große Hilfe für die Kommunikation mit hohen Lichtwesen ist die Durchführung der Engel-Atmung, die ich in meinem Buch *Quantum-Engel-Heilung* ausführlich beschrieben habe.

Für die neue Zeit ist es wichtig, dass wir die uns zur Verfügung stehenden hohen Lichtenergien durch uns hindurch in die Erde fließen lassen können wie durch einen reinen Kanal. Damit helfen wir unserem Planeten (seine Schwingung erhöht sich) und letztendlich auch uns selbst. Auch für die Lichtkinder ist es wichtig, gut geerdet zu sein. Sie haben nämlich oft Schwierigkeiten, mit den dichten, harschen Energien auf diesem Planeten zurechtzukommen. Das kann zu Problemen in der Schule und in der Familie führen, was wiederum viele dieser Kinder sehr traurig macht und unnötigerweise leiden lässt. Bitte teilen Sie die nachfolgende Übung mit großen und kleinen Lichtkindern. Sie wird allen eine große Hilfe sein.

Meditation zur Erdung mit Erzengel Azrael

Wählen Sie, wenn Sie diese Meditation zum ersten Mal machen, einen Tag, an dem Sie sich anschließend ausruhen können. Die Meditation bewirkt nämlich, dass Ihr Energiesystem mit dem der Erde verbunden wird, was zu einem vorübergehenden Absinken Ihrer Leistungsfähigkeit führen kann. Es dauert etwa 24 Stunden, bis Sie sich an das Schwingungsfeld der Erde angepasst haben. Spätestens dann haben Sie wesentlich mehr Kraft als vorher und innere Balance. Die Meditation hat auch eine heilende Wirkung, doch damit sie sich entfalten kann, braucht Ihr Körper zunächst etwas Ruhe.

Legen Sie sich am besten flach auf den Rücken mit einem Kissen unter dem Kopf, damit Sie es bequem haben. Hüllen Sie sich in eine Decke, und nehmen Sie sich etwa zwanzig Minuten Zeit. Beginnen Sie auch diese Meditation mit Entspannung und tiefem, ruhigem Ein- und Ausatmen. Lassen Sie mit dem Atem alle Spannungen los und schließen Sie die Augen. Dabei können Sie visualisieren, wie sich all Ihre Zellen öffnen und wie alle belastenden Energien, die Ihnen Stress oder Kummer bereitet haben, wie verbrauchtes Wasser zum Recyclen wegfließen.

Spüren Sie, wie Ihr Herz ruhig und regelmäßig schlägt. Bitten Sie jetzt um die Anwesenheit von Erzengel Azrael, und lassen Sie sich von ihm an einen Ort bringen, wo Sie sich ganz bewusst mit den Energien der Erde und mit den Naturwesen verbinden können. Gehen Sie jetzt mit Ihrem Bewusstsein zu einer Wiese, auf der ein großer Baum steht. Er hat einen dicken Stamm und viele Äste mit grünen Blättern. Fühlen Sie sich so in diesen Baum ein, so als würden Sie in ihn hineinschlüpfen. Fühlen Sie, wie Sie der Baum und gleichzeitig ein eigenständiges Energiewesen sind. Dort, wo der Baum Wurzeln hat, haben Sie Ihren Erdenstern. Nehmen Sie dieses Energiezentrum ganz bewusst wahr, und fühlen Sie, wie Sie fest in der Erde verankert sind, genau wie der Baum.

Erlauben Sie sich nun, die Erde in Ihrem Mund zu schmecken und zu fühlen, wie angenehm kühl und gleichzeitig schützend sie sich anfühlt. Merken Sie, dass auch die Erde ein- und ausatmet? Dass sie im gleichen Rhythmus atmet wie der Baum und nun auch Sie? Spüren Sie nun immer tiefer in die Erde hinein, und hören und fühlen Sie ihren Herzschlag. Bum, Bum – Bum, Bum. Das Herz der Erde schlägt im Gleichklang mit dem Rhythmus des Universums.

Spüren Sie, dass Sie nicht mehr nur eins mit dem Baum sind, sondern auch mit der ganzen Erde. Nehmen Sie Ihre lichtvolle Verbindung mit dem Kosmos wahr und gleichzeitig Ihre Verbindung zu den höchsten, göttlichen Energien der Liebe. Lassen Sie diese Energien durch sich hindurch in die Erde fließen wie reines Wasser durch einen Kanal. Gießen Sie mit Ihrem Bewusstsein immer mehr liebevolle Energien in die Erde. Diese Energien verteilen sich im gesamten Gitternetz der Erde. Sie fließen in alle Kontinente und helfen der Erde, zu ihrem höchsten Potenzial zu erwachen.

Bleiben Sie noch eine Weile ganz bewusst in Verbindung mit der Erde, und danken Sie ihr von ganzem Herzen für alles, was Sie in Ihrem Leben an wundervollen Geschenken von ihr bekommen haben. Bieten auch Sie der Erde Unterstützung an wie einer guten Freundin, mit der Sie immer über Ihr Herz verbunden sind.

Gehen Sie nun in dem Bewusstsein, dass Sie ganz tief mit der Erde verbunden sind, durch den Baum zurück in Ihren physischen Körper. Spüren Sie, dass sowohl der Baum als auch die Erde ein Teil von Ihnen ist.

Danken Sie Erzengel Azrael für seine Begleitung, und öffnen Sie langsam die Augen.

Diese Meditation können Sie machen, so oft Sie möchten. Am besten machen Sie sich jeden Tag bewusst, dass Sie mit der Erde verbunden sind. Lassen Sie die Kraft und Energie der Erde durch sich hindurchfließen, und öffnen Sie sich gleichermaßen für die höchste Energie der Liebe. Das ist heilsam für Sie selbst und die Erde, welche die göttliche Liebe, die durch Sie fließt, dankbar annimmt.

Wenn es Ihnen lieber ist, können Sie sich auch von Erzengel Azrael zu einem Berg bringen lassen, wo Sie sich zunächst in den Berg einspüren und anschließend ganz mit der Erde verbinden. Sie können sich aber auch mit einem Fluss, einer Blume oder einem Kristall (zum Beispiel Kalzid oder Regenbogen-Obsidian) verbinden.

Erzengel Azrael wird auf Sie achten und Sie auf Ihrer Reise begleiten. Er ist der Engel der Transformation und des Übergangs, der auch den Sterbenden hilft. Er hilft also nicht nur bei der Erdung, sondern steht auf der Reise in das Einheitsbewusstsein auch dem »sterbenden« Ego bei, damit die Illusionen losgelassen werden können. Die Verbindung mit der Erde hilft dem Unterbewusstsein zu verstehen, dass alles in natürlichen Zyklen abläuft. Es gibt kein Ende ohne einen neuen Anfang. Vor dem Hintergrund dieser Erkenntnis lösen sich auch mögliche Ängste und Glaubensmuster des Getrenntseins. Dann können auch die höchsten Energien durch unseren Energiekanal fließen – zu unserem Wohl und zum besten Wohle aller.

Erkennen

Zur Vorbereitung auf die neue Zeit ist es von entscheidender Bedeutung, dass wir erkennen, wer wir in Wirklichkeit sind, also ohne unsere Masken, Rollen und Ängste. Nachdem uns mithilfe der Übungen aus den vorangegangenen Kapiteln bewusst geworden ist, dass alles um uns herum mit uns in Verbindung steht, fällt es uns sicher leichter zu verstehen, dass wir Teil eines Energiefeldes sind, das alles, was ist, miteinander verbindet.

Es geht in der neuen Zeit vor allen darum zu erkennen: Wir sind alle eins.

Die Quantenphysiker sprechen in diesem Zusammenhang vom quantenphysischen Feld. Die Hopi-Indianer nennen es das »Spinnennetz«, das Spider Woman (Spinnenfrau) gewebt hat. Christen sprechen vom dem einen Geist, der in uns allen ist. Die Trennung, die wir subjektiv empfinden, ist demnach eine Illusion. Alles, was wir tun, hat direkte Auswirkungen auf das »Feld aller Möglichkeiten«, wie ich es nenne, und somit auf das Bewusstsein und alles Leben auf diesem Planeten.

Wir können die Welt verändern, indem wir uns selbst verändern.

Es kommt wirklich darauf an, welche Vorbereitungen wir jetzt und in den nächsten Jahren treffen und wie wir die hohen Lichtenergien, die uns in der neuen Zeit zur Verfügung stehen, zur bewussten Veränderung unseres Lebens nutzen. Um das noch greifbarer zu machen, möchte ich Ihnen zunächst die folgenden Hintergrundinformationen geben.

Wenn sich unser energetisches Umfeld ändert, verändert sich auch unsere DNS.

Dass unser energetisches Umfeld und unsere Erfahrungen eine wichtige Rolle für unsere Gesundheit und unsere allgemeine Entwicklung spielen, hat unter anderen der Zellbiologe Bruce Lipton (*Intelligente Zellen*) bewiesen. Der sogenannte genetische Determinismus, der in den letzten fünfzig Jahren vorherrschte, besagt, dass wir allein durch unsere Gene vorprogrammiert sind, doch das ist offenbar falsch. In zahlreichen Versuchsreihen wurde bewiesen, dass Zellen auch ohne Zellkern, also ohne das angebliche Zellgehirn beziehungsweise die Gene, mehrere Monate weiterleben können, wobei die biologischen Prozesse in den kernlosen Zellen eindeutig »reguliert« ablaufen. Die Annahme, dass allein die Gene das Zellverhalten steuern, ist also erwiesenermaßen falsch. Ein faszinierendes Beispiel aus Liptons Forschungsarbeit ist jene entnommene Leberzelle, die er in einem wissenschaftlichen Versuch mit Nierenzellen zusammengebracht hat. Die Zellumgebung glich also der von Nierenzellen. In kürzester Zeit änderte die Leberzelle ihre ursprüngliche Funktion und arbeitete wie alle anderen Nierenzellen.

Zellbiologen erkennen deshalb neuerdings an, dass die Umwelt und besonders unsere Wahrnehmung dieser Umwelt die Tätigkeit unserer Gene steuert.

Beantworten Sie die folgenden Fragen, wenn Sie eine physische Krankheit, Symptome von Unwohlsein oder Probleme haben:

- Was geschieht in meiner Umwelt, das meine Zellen veranlasst haben könnte, nicht optimal zu funktionieren?
- Was sind meine stärksten negativen Emotionen?
- Was sind meine häufigsten Gedanken?
- Was sind meine immer wiederkehrenden, unbewusst ablaufenden Muster?
- Was sind meine Glaubensmuster?

Beschreiben Sie nun den Gesundheitszustand/die Lebenssituation, in dem/der Sie sich am liebsten befinden würden.

- Wie fühlt sich die damit verbundene Energie an?
- Schließen Sie die Augen. Visualisieren und vor allem *fühlen* Sie diese neue Energie jeden Tag 15 bis 20 Minuten lang. Dadurch verändert sich Ihre energetische Schwingung. Ihre Zellen und Ihre Umwelt werden entsprechend positiv darauf reagieren.

Bezweifeln Sie, dass diese kleine Übung tatsächlich einen Effekt auf Ihre Zellen und/oder Ihre Umwelt hat? Dann erzähle ich Ihnen jetzt eine amüsante und wahre Geschichte. Sie handelt von der Tochter des amerikanischen

Arztes Dr. Joe Dispenza (*Evolve your Brain*), der sich auf Neurologie und die Funktionen des Gehirns spezialisiert hat. Ich traf Dr. Joe Dispenza bei der Konferenz *Celebrate Your Life* in Phoenix, Arizona. In seinem Vortrag erklärte er die Funktionen des Gehirns und wies abschließend darauf hin, wie wichtig es sei, das, was man kreieren möchte, nicht nur zu visualisieren, sondern auch zu *fühlen,* als sei es bereits geschehen. Wie wahrscheinlich jeder Forscher hatte auch er zunächst mit Familienangehörigen über seine Erkenntnisse gesprochen und unter anderem seiner Tochter erklärt, sie könne sich genau das kreieren, was sie sich wünsche, wenn sie täglich zwanzig Minuten nach seinen Anweisungen visualisieren und fühlen würde. Die 15-jährige Tochter war zunächst nicht sehr an den wissenschaftlichen Erkenntnissen ihres Vaters interessiert, doch die Aussicht auf Wunscherfüllung reizte sie. Sie hatte, wie wahrscheinlich viele Teenager, den Wunsch, einmal nach Herzenslust shoppen zu gehen. Dr. Joe schmunzelte, als er das hörte, und arbeitete parallel zu seiner Tochter geistig daran, dass er selbst nicht die Rechnung dafür bezahlen müsse. Er wusste, dass sich seine Tochter an die Vereinbarung hielt und jeden Tag zwanzig Minuten lang »visualisierte und fühlte«, ohne sich genau zu überlegen, welche Einzelheiten zum Erfolg führen würden. Sie wiederum wusste, dass nicht schon nach einem oder zwei Tagen mit einem Ergebnis zu rechnen war. Also vertraute sie ihrem Vater und setzte ihre täglichen Übungen fort. Nach einigen Monaten erhielt Dr. Joe einen Anruf von seiner Tochter, die zu Besuch bei einer Freundin in Los Angeles war. Folgendes hatte sich zugetragen: Die Tochter war mit Ihrer Freundin in einer Boutique gewesen, hatte dort einen Patienten ihres Vaters getroffen und sich mit ihm unterhalten. Der Mann ließ schöne Grüße an Dr. Joe ausrichten und betonte mehrmals, wie dankbar er sei, dass Dr. Joe ihm geholfen hatte, wieder ganz gesund zu werden. Er konnte wieder voll arbeiten, und sein Unternehmen war sehr erfolgreich. Spontan überreichte er der Tochter eine goldene Kreditkarte und sagte: »Viel Spaß beim Shoppen.« Zunächst verschlug es ihr fast die Sprache, doch dann schritt sie gemeinsam mit ihrer Freundin zur Tat und berichtete ihrem Vater später am Telefon überaus glücklich, dass seine Technik tatsächlich funktioniert hatte. Mithilfe der Kreditkarte und ihrer Freundin war es ihr gelungen, für 9000 Dollar einzukaufen.

Diese Geschichte zeigt uns, dass es nicht immer der berühmte Lottogewinn sein muss, der zum gewünschten Ergebnis führt. Das quantenphysische Feld hält alle Möglichkeiten für uns bereit. Seien Sie beim Wünschen also völlig offen und unbegrenzt in Ihren Vorstellungen. Auch das Wie und Wann der Wunscherfüllung sollten Sie weder planen noch vorgeben. Das junge Mädchen aus dieser Geschichte war voller Vertrauen und hatte keine Zweifel, Ängste oder limitierenden Gedanken. Sie genoss die zwanzig Minuten Shoppen am Tag wie unterhaltsames Kino im Kopf. Visualisieren *und* Fühlen ist das Geheimnis!

Wer oder was steuert das Verhalten der Zellen?

In einem sehr interessanten Gespräch mit Bruce Lipton, das ich im vergangenen Herbst in Phoenix führte, ging es genau um diese Frage. Um sie zu beantworten, möchte ich Ihnen die wichtigsten Zusammenhänge an einem Beispiel erläutern, das auch Bruce in unserem Gespräch anführte:

Stellen Sie sich einen Computer vor. Das Gehirn beziehungsweise die datenverarbeitende Einheit (CPU) einer Zelle ist die Zellmembran. Die Zellmembran ist laut biochemischer Definition ein flüssiger Kristall und organisch in der Tat vergleichbar mit einem Computerchip (Siliziumchip). In der Zellmembran gibt es Rezeptoren (integrale Membranproteine, IMPs), welche die eigentlichen Sinnesorgane in den Zellen sind und beim Computer mit der Tastatur (Dateneingabe) vergleichbar sind. Dann gibt es Effektoren, die das Verhalten der Zelle beeinflussen und zum Beispiel biochemische Prozesse auslösen. Der Zellkern inklusive der Gene entspricht in diesem Beispiel der Festplatte (Speicher). Der Computerbildschirm (Datenausgabe) zeigt analog den physischen Zustand der Zelle. Wenn über die Tastatur der Zelle (die IMP-Rezeptoren) neue Signale aus der Umwelt wahrgenommen werden, erzeugt die Zelle neue Wahrnehmungseinheiten (neue IMPs), um auf die Signale zu antworten. Die IMPs reagieren sowohl auf Molekularsignale als auch auf Energiesignale. Dabei ist es egal, ob die Energiesignale durch unsere Gedanken, durch eine Meditation oder durch den Einfluss hoher Lichtenergien ausgesendet werden. Auch die hohe Schwingungsfrequenz der Photonenenergie in der Phase des Lichts wird sich direkt auf unser Bewusstsein und unsere Zellen auswirken. Elektromagnetische Impulse regulieren praktisch jede Zellfunktion, inklusive der DNS/RNS-Synthese, Proteinsynthese, Zellteilung, neuroendokrinen Regulierung etc.

Die Fähigkeit der Zellen, neue IMPs zu bilden und sie mit einem spezifischen Effektorprotein zu vervollständigen, um auf neue Signale entsprechend, nämlich das Überleben sichernd, reagieren zu können, ist die Grundlage der Evolution. Dieser Prozess versetzt Organismen in die Lage, in einer sich ständig verändernden Umwelt zu überleben. Diese Fähigkeit wird auch von unserem Immunsystem genutzt.

An dieser Stelle möchte ich noch einmal auf die Bedeutung von Ängsten und anderen negativen Emotionen zurückkommen. Wenn wir Angst haben, spüren die IMPs diese Energie als *vibrierende Frequenz* und senden Botenstoffe an den Zellkern und damit an die DNS. Dort wird ein bestimmtes Verhalten ausgelöst, zum Beispiel die Ausschüttung von Hormonen, was sich auf den gesamten Körper auswirkt. Mit der Zeit entstehen aus unbewussten Ängsten und anderen Emotionen Glaubensmuster und immer wieder ablaufende Programme, die unsere Zellfunktionen beeinflussen. Interessante Forschungsergebnisse zur Beantwortung der Frage, wo genau die Emotionen gespeichert sind, stellt die Wissenschaftlerin Candace Pert in ihrem Buch *Moleküle der Gefühle* vor. Pert erklärt, dass es ein psychosomatisches Netzwerk im Körper gibt und dass es mit den Rezeptoren in den Zellen zusammenhängt, ob ein Gedanke oder eine Emotion bewusst wird oder als unverdautes Muster auf einer tieferen Ebene im Körper gespeichert wird. All diese Gedanken und Emotionen erzeugen eine bestimmte energetische Schwingung, die mit unserer Umwelt in Wechselwirkung steht.

Würde sich unsere energetische Frequenz nicht verändern, bliebe alles beim Alten.

Die oben beschriebenen Erkenntnisse der neuen Zellbiologie (Epigenetik) sind zur Vorbereitung auf die Veränderungen in der neuen Zeit von großer Bedeutung. Aufgrund dieser Erkenntnisse können wir davon ausgehen, dass unsere Zellen »lernen« und somit auch Antworten auf die energetischen Veränderungen der neuen Zeit finden werden. Interessanterweise spielt hier aber nicht nur das Lernen von gänzlich neuen Informationen eine Rolle, sondern auch das Wiederentdecken von Informationen, die beispielsweise schon in der sogenannten Junk-DNS gespeichert sind. In Wirklichkeit handelt es sich bei den unerforschten 95 Prozent unserer DNS um feinstoffliche Codierungen, die bewusst aktiviert werden können.

Mithilfe der Übungen und Meditationen, die ich im nächsten Kapitel vorstelle, werden wir genau das tun, damit Sie sich so schnell und gründlich wie möglich auf die neuen energetischen Schwingungen vorbereiten können.

TEIL 2

AKTIVIERUNG DER DNS-LICHTCODIERUNGEN

Durch Aktivierung der feinstofflichen Bereiche unserer DNS können wir einen Quantensprung in der menschlichen Evolution vollbringen.

Schlüssel zum göttlichen Potenzial

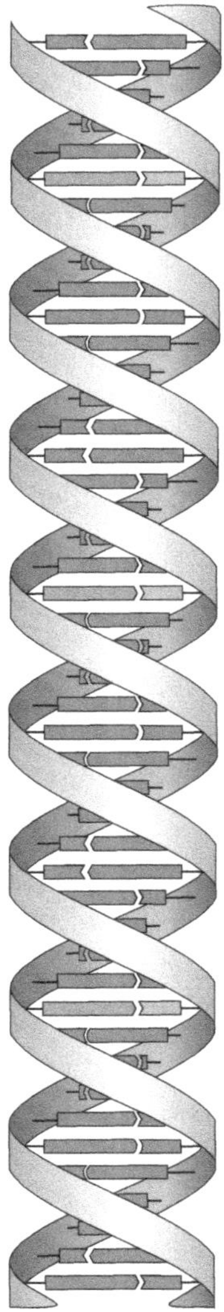

Viele von Ihnen wissen wahrscheinlich, dass unser genetisches Schöpfungspotenzial in einem Biomolekül namens Desoxyribonukleinsäure (DNS) gespeichert ist, das sich normalerweise in Form einer Doppelhelix organisiert und auf Abbildungen auch so dargestellt wird: als doppelt gedrehte Spirale (siehe Abbildung rechts). In viele Proteine verpackt findet sich die DNS in den Chromosomen und damit in jeder Zelle unseres Körpers. Nach meinem Verständnis ist diese DNS hauptsächlich für den Aufbau des physischen Körpers, unseres »MAN-Teils«, zuständig. Was aber ist mit unserem »HU-Teil«? Hat Gott den Menschen nicht »zu seinem Bilde« erschaffen (vgl. 1 Mose 1,27)?

Informationen meines geistigen Lehrers Zohar und der Erzengel haben mich vor vielen Jahren darauf aufmerksam gemacht, dass die ursprüngliche DNS aus zwölf Strängen bestand. Das heißt: Zehn lichtcodierte Stränge wurden deaktiviert und sind deshalb auch nicht auf den gängigen Abbildungen zu finden – ganz nach dem Motto: Was ich nicht sehen und erklären kann, gibt es auch nicht. Wir brauchen uns jetzt aber nicht bei den Wissenschaftlern zu beschweren oder nach denen Ausschau halten, die unsere DNS-Stränge deaktiviert haben, um uns das »Licht abzudrehen«. Dies war Teil unseres Seelenplans. Es war unsere eigene Entscheidung, uns in die Tiefe der Dualität in der dritten Dimension zu begeben und das Spiel des Vergessens mitzuspielen.

Nach meiner Erfahrung gibt es in der feinstofflichen Welt viel »Unsichtbares«, das sehr real ist und große Auswirkungen auf uns alle hat. Mir wurde von den »unsichtbaren« geistigen Wesen unter anderem gezeigt, wie wir die Informationen unseres »HU-Teils«, die als kosmische Lichtcodierungen in der DNS gespeichert sind, wieder aktivieren können. Lichtcodierungen sind gespeicherte energetische Informationen, die aus der unendlichen göttlichen Quelle kommen. Die göttliche Quelle (engl. *The Infinite*) ist weder männlich noch weiblich, und sie ist keiner Religion oder Glaubensrichtung zugeordnet. Die göttliche Quelle ist ein sich unendlich weit ausdehnendes Bewusstsein. Wir alle sind Aspekte dieser göttlichen Quelle. Wenn sich die von der göttlichen Quelle ausgehenden Informationen verändern, verändert sich der ganze Kosmos und die darin befindlichen »Realitäten«, oder, besser gesagt, Illusionen werden obsolet. Jeder Mensch hat feinstoffliche, subtile Energien als Lichtcodierungen in der DNS gespeichert. Wenn diese aktiviert sind, wird automatisch die neueste Version des göttlichen Bewusstseins installiert – ähnlich wie die neueste Software-Version beim Computer. Über die aktivierten Lichtcodierungen haben wir also Zugang zu der neuesten Version des göttlichen Bewusstseins. Wir können Illusionen durchschauen und erkennen, was ist und wer wir sind.

Ende der Illusion – Paradies auf Erden

Die Metapher von der *Vertreibung aus dem Paradies* beschreibt aus meiner Sicht die Deaktivierung der DNS-Lichtcodes, die eine Wahrnehmungs- und Bewusstseinsbegrenzung zur Folge hatte. Dass unsere bisherige Wahrnehmung eingeschränkt ist, haben die Erkenntnisse der Quantenphysik deutlich gezeigt. Obwohl wir alle die Erfahrung machen, dass wir aus fester Materie bestehen und von fester Materie umgeben sind, haben Wissenschaftler bewiesen, dass es keine feste Materie gibt und wir als Beobachter diese Illusion erzeugen. Würden wir dieser Illusion nicht unterliegen, könnten wir alle Löffel verbiegen und durch Wände gehen.

Durch Deaktivierung der Lichtcodes wurden wir von unserem Teil der Gottesenergie (HU) vermeintlich getrennt und leben nun in der Illusion, von Gott getrennt zu sein.

Die Biophotonenforschung hat ergeben, dass die DNS unter anderem eine Art »Lichtempfänger« ist. Sie nimmt Informationen über das Sonnenlicht und die kosmische (Sternen-)Strahlung auf und ist in der Lage, diese in ein kohärentes Lichtfeld zu übersetzen, das für die Steuerung molekularer Prozesse sorgt. Das bedeutet: Wenn wir die noch brachliegenden DNS-Stränge und die damit verbundenen Sensoren reaktivieren, bekommen wir Zugang zu sämtlichen Informationen und Dimensionen des Universums, zum Feld »aller Möglichkeiten«. Dadurch erweitert sich auch die Zirbeldrüse, die wie ein »drittes Auge« in der Lage ist, elektromagnetische Felder wahrzunehmen, also in anderen Frequenzbereichen zu sehen. Durch DNS-Aktivierung wird also nicht nur unsere Hellsichtigkeit wiedererweckt, sondern auch alle anderen geistigen, heilerischen und magischen Fähigkeiten. Unser Bewusstsein wird sich enorm erweitern, aber auch unser physischer Körper erlebt einen Energieanstieg, was sich wie ein Jungbrunnen auswirkt.

Es gibt, wie erläutert, einen eindeutigen Zusammenhang zwischen Licht und Bewusstsein. Wenn die Lichtcodierungen aktiviert sind und damit auch der sogenannte Lichtkörper, beginnt ein fantastischer Transformationsprozess, der mit der Verwandlung der Raupe in den Schmetterling verglichen werden kann.

Die Aktivierung der DNS-Lichtcodes ermöglicht die volle Entfaltung unseres göttlichen Potenzials, mit dem wir das Paradies auf Erden wieder erschaffen können.

Für 2012 und die Zeit danach bedeutet dies, dass die Menschen auf der Erde in eine neue Seinsform eingehen werden. Aufgrund unseres aktivierten Lichtkörpers werden wir uns bewusst, dass wir multidimensionale Wesen sind. Vielleicht können Sie sich im Moment noch nicht so ganz vorstellen, wie es sich in einem aktivierten Lichtkörper lebt, aber auch die Raupe hat keine Ahnung davon, wie es sein wird, eines Tages als bunter Schmetterling durch die Gegend zu fliegen. Wichtig ist, dass Sie sich dieser wundervollen Möglichkeiten zunächst bewusst werden.

Die Schlange des Lichts

In diesem Zusammenhang möchte ich Sie auf eine Prophezeiung der Maya für das Jahr 2012 hinweisen. Am 21. Dezember 2012 endet der Maya-Kalender und dann, so die Prophezeiung, werden die Götter und die »Gefiederte Schlange« (Quetzalcoaltl/Kukulkan) zurückkehren. Was halten Sie von der These, dass hier von erweiterter Wahrnehmung die Rede ist? Könnte es sich bei der »Gefiederten Schlange« um eine Metapher handeln, die eigentlich die Aktivierung der Lichtcodes in der DNS meint?

Interessanterweise ist auch in der Bibel die Rede von einer Schlange, die gemeinsam mit Adam und Eva aus dem Paradies vertrieben wurde. Dabei hat sie, wie es heißt, ihre Beine (oder die Flügel der Gefiederten Schlange?) verloren. Seither kriecht sie in den niederen Regionen der Materie herum und sucht den Weg zurück ins Licht.

Intuition, geistige Führung und intensive Recherchen haben mich persönlich zu der Erkenntnis geführt, dass das Bild der Schlange eindeutig für die DNS steht. Die Schlange ist ein universelles Symbol, das in vielen alten Kulturen eine wichtige Rolle spielt – selbst in Regionen, in denen es gar keine Schlangen gibt. Wenn Sie sich näher über dieses Thema informieren möchten, empfehle ich Ihnen das Buch des Anthropologen Jeremy Narby: *Die kosmische Schlange*. Narby hat durch die im Regenwald des Amazonas lebenden Ashanica-Indianer tiefe Einsichten in die Symbolik der Schlange erhalten. Er kam zu dem Schluss, dass die Schlange im Schamanismus gleichbedeutend ist mit der DNS, von der die Molekularbiologen sprechen.

Das wirft ein neues Licht auf das Ende des Maya-Kalenders im Jahr 2012. Wenn man davon ausgeht, dass Zeitmessung nur in einer dreidimensionalen Welt mit linearer Zeitauffassung sinnvoll ist, braucht man nach der Aktivierung der DNS, sprich: als mehrdimensionales Wesen mit erweiterter Wahrnehmung, natürlich keinen Kalender mehr. Die multidimensionale Realität des Lichtkörpers ist dadurch charakterisiert, dass alles gleichzeitig geschieht (Synchronizität). Das Leben nach dem Terminkalender hat ausgedient.

Sie können davon ausgehen, dass die Raupe um 2012 ihren Kokon (3. Dimension) verlässt und als Schmetterling davonfliegt.

Energetische Hilfen bei der Aktivierung der Lichtcodierungen

Einige von Ihnen, die sich seit Jahren mit dem Lichtkörperprozess beschäftigen oder als ausgebildete Quantum-Engel-Heiler entsprechende Meditationen machen, haben sicher schon Teile der DNS-Lichtcodierungen reaktiviert.

Dies äußert sich in erweiterten Wahrnehmungsfähigkeiten wie Hellsichtigkeit oder in der Fähigkeit, mit Engeln und anderen Lichtwesen zu kommunizieren. Bei vielen Kindern sind die DNS-Lichtcodierungen bereits voll aktiviert.

Allerdings verhalten sich die Lichtcodierungen wie ein Lichtschalter mit Dimmer: Auch wenn er bereits angeschaltet ist, kann man ihn immer noch heller drehen, sprich: auf eine noch höhere Frequenz einstellen. Dabei folgen die DNS-Lichtcodierungen dem Gesetz der Resonanz. Unter bestimmten Umständen – etwa Energieerhöhungen der Umwelt – schwingt sich die DNS auf eine noch höhere feinstoffliche Ebene ein. Das heißt: Je öfter Sie die Licht-Meditationen machen und je höher die energetische Schwingung auf unserem Planeten ist, desto mehr Lichtenergie können Sie in Ihrem physischen Körper halten. Beginnen Sie den DNS-Lichtcode-Aktivierungsprozess zunächst mit der Meditation zur Erdung (Seite 156 ff.). Mit ein wenig Übung wird es Ihnen immer leichter fallen, sich gut zu erden. Wenn Sie geübt und generell gut geerdet sind, brauchen Sie auch keine längere Meditation mehr, sondern können die Erdverbindung mit Ihrer Intention und einigen Atemzügen ganz leicht herstellen. Dann beginnen Sie mit der Meditation zur Aktivierung der DNS-Lichtcodierungen 1 und 2. Wiederholen Sie diese Meditation mehrere Male, und integrieren Sie dieses Energieniveau mindestens eine Woche oder einen Monat lang.

Erst dann führen Sie die nächste Meditation zur Aktivierung der folgenden DNS-Lichtcodierungen durch. Wiederholen Sie auch diese mehrere Male, und erst wenn Sie sich mit diesem Energieniveau wohlfühlen, machen Sie die nächste Aktivierungsmeditation – wieder im Abstand von mindestens einer Woche bis einem Monat. Der gesamte Aktivierungsprozess dauert also mindestens zwölf Wochen bis zu einem Jahr. Im Vergleich zu anderen langjährigen Exerzitien, beispielsweise in den alten ägyptischen oder in den tibetischen Mysterienschulen, ist das ein sehr kurzer Zeitraum. Zwischendurch können Sie auch die Meditationen auf der zum Buch gehörigen CD machen. Sie eignen sich zur energetischen Unterstützung des Aktivierungsprozesses. Auf diese Weise werden Sie nach und nach neue Energien in Ihr Leben integrieren und höhere Bewusstseinsebenen erreichen können. Die Auswirkungen werden Sie bei sich selbst und in Ihrem Umfeld deutlich spüren. Ein Leben in der Energie der fünften Dimension wird dann auch in einem physischen Körper auf der Erde möglich sein. Eine Erklärung zu den verschiedenen Dimensionen finden Sie auf Seite 194 ff.

Denken Sie immer daran, sich vor einer Meditation zu erden!

Da wir unbegrenzte Wesen sind, gibt es auch eine unbegrenzte Anzahl von Lichtcodierungen. Ich wurde von den Engeln angeleitet, mich in diesem Buch auf die Aktivierung der ersten 64 zu konzentrieren, da sonst auch dieses Buch in immer weitere Ebenen des unendlichen Kosmos führen würde und damit selbst unendlich wäre.

Es ist für unsere Evolution wichtig, jeweils die Lichtcodes zu aktivieren, die in Harmonie mit unserer eigenen Schwingung und den Schwingungen unserer Umwelt stehen. Ein Mönch in Tibet, der seit Jahren meditiert und seinen Lichtkörper voll entwickelt hat, kann sich vermutlich auf eine höhere Frequenz einschwingen als beispielsweise ein noch nicht ganz aufgewachter, ahnungsloser Taxifahrer, der mit seinem Wagen »zufällig in der Schlange steht« und dieses Buch erstmal nur zum Zeitvertreib liest. Dies ist natürlich humorvoll und ohne Wertung gemeint. Die Engel haben mir den Auftrag erteilt, für alle Menschen zu schreiben. Sie garantieren dafür, dass jeder Mensch durch Lesen dieses Buches und Praktizieren der dazugehörigen Übungen und Meditationen seine eigene energetische Schwingung erhöhen kann.

Das Aktivieren der Lichtcodierungen bedarf keiner Vorkenntnisse, denn es geht nicht um intellektuelles Wissen, sondern um bewusstes Sein. Wir sind alle mit der gleichen DNS-Software ausgestattet, auch wenn die Hardware (physischer Körper) variiert. Unsere Lichtschalter können zu dem für uns richtigen Zeitpunkt angeschaltet werden, und die jeweiligen Dimmer lassen sich höher und höher drehen. Unsere eigene Schwingung steht dabei in Harmonie mit den Schwingungsfrequenzen aller anderen Menschen und des ganzen Planeten.

Wenn es darum geht, die kosmischen Lichtinformationen in die Zellen, also in die DNS zu tragen, können wir uns von den Erzengeln helfen lassen. Zusätzliche Unterstützung bekommen wir von den Naturwesen, aus dem Pflanzenreich, von Kristallen, Farben, Formen, Tönen und den Symbolen der heiligen Geometrie. Die hier vorgestellten heiligen Symbole wurden schon in Atlantis und Lemurien im Rahmen spiritueller Praktiken zur Energieaktivierung genutzt und blieben seitdem ständig in Verwendung. Im alten Ägypten, bei den Druiden und in vielen anderen Kulturen wurden sie in Stein gemeißelt und konnten so überliefert werden. Auch Sokrates, Aristoteles und Platon wiesen auf die Bedeutung der heiligen Symbole hin, die später auch platonische Körper genannt wurden. Der bekannteste ist der Hexaeder, den wir als Würfel kennen. Die platonischen Körper zeichnen sich dadurch aus, dass sie von Vielecken begrenzt sind, von denen an jeder Körperecke jeweils gleich viele zusammentreffen. Interessant ist in unserem Zusammenhang auch, dass Platon (ca. 428–348 v. Chr.) die heiligen Symbole den vier Elementen und dem Kosmos zugeordnet hat:

Luft = Oktaeder
Erde = Hexaeder
Wasser = Ikosaeder
Feuer = Tetraeder
Kosmos = Dodekaeder

Zusätzlich zu den platonischen Körpern hat mir Erzengel Metatron noch weitere Symbole der heiligen Geometrie gezeigt, die bei der Aktivierung der höheren Lichtcodierungen genutzt werden können. Dazu später mehr.

Setzen Sie bei den nachfolgenden Meditationen die Hilfsmittel, Symbole und geistigen Wesen ein, mit denen Sie sich am wohlsten fühlen.

Die DNS reagiert auch auf Sprache (Affirmationen), vorausgesetzt wir verwenden die richtigen Worte beziehungsweise Resonanzschwingung.

Wenn Sie sich für die Auswirkungen der energetischen Schwingungen von Worten und Gedanken interessieren, empfehle ich Ihnen, die Forschungsergebnisse von Dr. Masaru Emoto zu betrachten. Er hat in seinen Büchern interessante Abbildungen von Wasserkristallen, die zeigen, dass die energetische Schwingung des gesprochenen Wortes physische Materie (z. B. ihre Form) verändert. Da der physische Körper zum großen Teil aus Wasser besteht, hat jedes gesprochene Wort eine direkte Auswirkung auf unseren Körper und unser ganzes Wesen. Die Engel haben mich gebeten, Sie ausdrücklich darauf aufmerksam zu machen. Die Energie von harschen Worten wirkt wie Gift auf uns und unsere Umwelt. Die hier benutzen Affirmationen unterstützen den ursprünglichen, harmonischen Zustand, der von der Schöpfung beabsichtigt war.

Damit eine Affirmation die entsprechende Kraft entwickeln kann, ist es wichtig, dass sie nicht von Ihrem MAN-Teil gesprochen wird, der möglicherweise noch Zweifel und limitierende Glaubensmuster hat, sondern von Ihrem HU-Teil, denn nur dann stammt sie aus Ihrer göttlichen Kraftquelle. Beginnen Sie Affirmationen am besten mit: »*Ich bin die Kraft Gottes für mich und ich …*«

Wenn Sie sich zum Beispiel auf eine wichtige Prüfung vorbereiten, sagen Sie: »*Ich bin die Kraft Gottes für mich und ich habe die Prüfung bestanden.*«

Vergessen Sie nicht zu visualisieren und zu spüren, wie es sich anfühlt, wenn das, was Sie sich wünschen, bereits in Erfüllung gegangen ist.

Den Satz »*Ich bin die Kraft Gottes für mich und ich bin gesund*« können Sie in jedem Zusammenhang zu Ihrem eigenen Wohl und zum besten Wohle aller einsetzen, ebenso wie: »*Ich bin die Kraft Gottes für mich und meine Lichtcodierungen sind aktiviert.*«

Indem wir die Aktivierung unserer DNS-Lichtcodierungen auf diese Weise bekräftigen, sprechen wir unsere primordialen Zellen an. Das sind die ersten acht Zellen, aus denen wir uns entwickelt haben – die einzigen

Zellen im Körper, die nicht wie alle anderen absterben und erneuert werden. Diese acht Zellen sind unser ganzes Leben lang da. Wenn wir die DNS-Lichtcodierungen in diesen Zellen aktivieren, sorgt das Gesetz der Resonanz dafür, dass sich alle anderen Zellen darauf einschwingen. Während der Meditation mit den Erzengeln entsteht in unserem elektromagnetischen Feld eine bestimmte Frequenz, die unser Gehirn in einen Theta- oder Gamma-Zustand versetzt. Das wiederum stimuliert die Zirbeldrüse, die mit den primordialen Zellen kommuniziert und über bestimmte Botenstoffe die DNS-Aktivierung in allen Zellen möglich macht.

Aktivierung der DNS-Lichtcodierungen 1 und 2

Diese DNS-Lichtcodierungen stehen in Zusammenhang mit dem Basischakra (Wurzelchakra). Das heißt nicht, dass sie sich dort befinden, wohl aber, dass eine Kommunikation mit den DNS-Lichtcodierungen möglich wird, wenn man die energetische Schwingung des Basischakras auf einer bestimmten Frequenz aktiviert. Diese Frequenz wird durch das entsprechende Symbol der heiligen Geometrie (Hexaeder), die Farbe (Rot), den Ton (G) und die Energie von Erzengel Jophiel erreicht. Sie können sich auch vorstellen, dass das Basischakra ein Resonanzkörper ist, beispielsweise eine Trommel. Wenn man nun in einer bestimmten Art und Weise auf dieser Trommel spielt, erzeugt man eine energetische Schwingung, die auf die Lichtcodierungen wie ein Türöffner wirkt. Der Energiekörper sendet die Schwingungsfrequenz zum physischen Körper und dort bis in die DNS. Energetische Veränderungen im Umfeld der DNS lösen entsprechende Reaktionen aus, in diesem Fall die Aktivierung der Lichtcodierungen 1 und 2. So wie es um unseren physischen Körper herum andere Energiekörper gibt, ist auch unsere physische DNS von Energiekörpern umgeben. Wenn wir die Lichtcodierungen 1 und 2 aktivieren, arbeiten wir zunächst mit dem ersten Energiekörper, der unsere physische DNS umgibt.

Durch die hohen energetischen Schwingungen, die in der folgenden Meditation erreicht werden können, bringen wir auch die DNS-Lichtcodierungen in die höchstmögliche Schwingung, die unser physischer Körper vertragen kann, und die ist bei jedem Menschen unterschiedlich.

Nachdem Sie alle 64 Lichtkodierungen aktiviert haben, können Sie die Meditationen wiederholen und so eine immer höhere Energie- beziehungsweise Lichtfrequenz erreichen, da Ihr ganzes Wesen auf einer höheren Ebene schwingen wird. Dies ist vergleichbar mit dem physischen Fitnesslevel, das ebenfalls durch regelmäßiges Training gesteigert werden kann. Durch die energetische Arbeit am Basischakra können auch blockierende Energien, die typischerweise mit dem Basischakra verbunden sind – etwa Ängste um Finanzen, Heim, Karriere etc. – leichter transformiert werden. Die Transformation limitierender Glaubensmuster und Programme, die in unserer DNS gespeichert sind, verändert auch unseren physischen Körper und unser Umfeld. Das äußert sich dann beispielsweise in guter Gesundheit und einer positiven Lebenssituation.

Wenn alle »DNS-Dimmer« maximal aufgedreht sind, stehen Ihnen all Ihre »HU-Fähigkeiten« zur Verfügung. Dann haben Sie in vollem Umfang Zugriff auf Ihre eigene Gotteskraft und können ganz bewusst Mitschöpfer und Meister Ihres Lebens sein. Die hohen Energien, die uns in der Phase des Lichts zur Verfügung stehen, unterstützen die Aktivierung unseres göttlichen Potenzials. Erinnern Sie sich: Die höchste Energie im Universum ist die Liebe. Und genau darum geht es bei der Vorbereitung auf die neue Zeit.

Wenn die Lichtcodierungen einmal aktiviert sind, bleiben sie aktiviert.

Anmerkung zur Arbeit mit den Symbolen der heiligen Geometrie

Die Symbole der heiligen Geometrie haben eine energetische Wirkung und stehen in Verbindung mit den vier Elementen, den Planeten und dem ganzen Kosmos. Die Erzengel haben die folgenden Meditationen so konzipiert, dass die jeweiligen Energiezentren durch den Einsatz der Symbole noch zusätzlich aktiviert werden. Die Wirkung der Symbole entfaltet sich, wenn Sie sich das jeweilige Symbol einen Moment lang anschauen und dann die Augen schließen. Nehmen Sie die Energien des Symbols mit Ihrem Dritten Auge auf und lassen Sie sie noch einige Momente auf sich wirken – ganz so, wie es für Sie angenehm ist. Es ist möglich, dass das Symbol in

Ihrer inneren Wahrnehmung zu pulsieren beginnt, sich um die eigene Achse dreht, durch Ihren Körper wandert und so weiter. Jedes Symbol hat eine andere energetische Wirkung, welche die jeweilige Meditation unterstützt. Es ist auch möglich, dass das Symbol auf einer ganz subtilen Ebene wirkt, die Sie gar nicht bewusst wahrnehmen. Sie können nichts falsch machen.

Meditation mit Erzengel Jophiel

Heilige Geometrie: Hexaeder
Kristalle: Hämatit, Pyrit, Rauchquarz
Element: Erde
Farbe: Rot
Ton: G

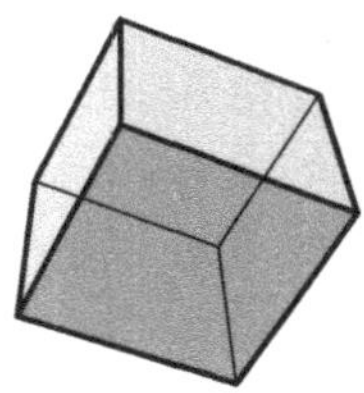

Nehmen Sie die Energie des Symbols in sich auf. Verbinden Sie sich bewusst mit der Erde, und aktivieren Sie Ihren goldenen Kokon. Legen Sie sich dann ruhig und entspannt auf den Rücken, und schalten Sie Ihre Gedanken möglichst ab. Atmen Sie mehrmals tief ein und aus. Mit jedem Ausatmen werden Sie ruhiger und können sich noch mehr entspannen.

Wenn Sie vollkommen entspannt sind, rufen Sie Erzengel Jophiel und fühlen Sie seine Energie. Bitten Sie Jophiel, Ihnen bei der Aktivierung Ihrer DNS-Lichtcodierungen zu helfen. Lassen Sie sich von ihm an einen Ort und in eine Zeit bringen, in der die DNS-Lichtcodierungen 1 und 2 noch voll aktiviert waren.

Sehen Sie vor Ihren inneren Augen einen Heiltempel – aus der Zeit von Atlantis oder einer anderen Epoche. Sehen Sie sich selbst an diesem schönen Ort sitzen. Nehmen Sie war, wie in Ihrer Umgebung Harfe gespielt wird. Hören Sie die schöne Musik, die genau mit den höchsten Frequenzen Ihrer Lichtcodierungen schwingt. Beobachten Sie den Engel, der diese Harfe spielt, und sehen Sie, wie die Saiten des Instruments schwingen. Spüren Sie nun, wie die Töne als Wellen auf Sie zukommen, und spüren Sie, wie diese Wellen in Ihrem Emotionalzentrum schwingen. Von dort wandern sie in Ihre anderen Chakren. Spüren Sie, wie besonders Ihr Basischakra mitschwingt.

Sehen Sie nun, wie Ihnen Erzengel Jophiel über eine Lichtbahn einen energetischen Würfel sendet. Die Harfenmusik erklingt weiter. Es ist, als finge der Würfel an zu tanzen. Er dreht sich, kreist und kommt immer näher. Dann dreht sich der Würfel in Ihrem Basischakra und löst dabei alte Muster und Programmierungen auf, die der neuen Schwingung nicht mehr entsprechen.

Sagen Sie nun laut: »Ich bin die Kraft Gottes für mich, und meine Lichtcodierungen 1 und 2 sind voll aktiviert – in all meinen Zellen, in allen Richtungen der Zeit und des Raums.« Spüren Sie die Schwingung dieser Worte und wiederholen Sie den Satz noch zweimal.

Erzengel Jophiel prüft nun ganz vorsichtig, ob die Lichtcodie-

rungen 1 und 2 in den Urzellen reaktiviert sind. Dann stimmt er die feinen energetischen Stränge wie die Saiten einer Harfe und stellt sie auf die höchstmögliche Frequenz ein. Die hohen Lichtschwingungen sind wie Gesang in diesen Zellen, und immer mehr andere Zellen singen mit und schwingen sich auf diese neue Frequenz ein. Vielleicht können Sie den Gesang der Zellen hören. Vielleicht können Sie auch erkennen, dass die Farbe Rot als Frequenz durch Ihre aktivierten Zellen schwingt. Erzengel Jophiel gibt Ihnen einen hilfreichen Kristall in die Hand. Spüren Sie, dass auch dieser Kristall ein eigenes Kraftfeld hat, mit dem Sie in Resonanz gehen. Die DNS-Lichtcodierungen 1 und 2 sind nun in all Ihren Zellen aktiviert. Spüren Sie die feine Energie, die durch Ihr ganzes Wesen strömt.

Visualisieren Sie nun eine Blume, die sich langsam ein wenig öffnet. Riechen Sie daran, und beobachten Sie, wie goldene Energieteilchen aus dieser Blume kommen und durch Ihre Nase eingeatmet werden. Diese Energieteilchen verteilen sich in Ihrem Kopf, in Ihrem Körper und in Ihrem Bewusstsein. Erkennen Sie, dass Sie Zugang haben zu ganz viel altem Wissen, das in einer großen goldenen Bücherei gesammelt wurde. Das Wissen aus Tausenden von wertvollen Büchern ist Ihnen nun zugänglich. Warten Sie, bis alles Wissen übertragen und Ihr System aktualisiert ist.

Das Lied der Harfe ist mittlerweile immer leiser geworden, und jetzt ist es ganz verklungen. Erzengel Jophiel reicht Ihnen die Hand und begleitet Sie auf Ihrer Reise zurück zu dem physischen Ort, von dem Sie aufgebrochen sind. Nachdem Sie wieder ganz in Ihrem Körper angekommen sind, lassen Sie sich bitte noch etwas

Zeit, bevor Sie die Augen öffnen und ganz langsam aufstehen. Sie fühlen sich gut! Bedanken Sie sich bei Erzengel Jophiel und den Helfern aus der geistigen Welt.

Geben Sie Ihrem physischen Körper die Möglichkeit, sich allmählich an die hohe Schwingung zu gewöhnen. Das kann ein paar Tage dauern. Seien Sie geduldig und liebevoll mit sich selbst. Sollten sich negative körperliche Symptome wie Schwindel einstellen, so kann das daran liegen, dass Sie nicht richtig mit dem Energienetz der Erde verbunden sind. In diesem Fall sollten Sie Ihre Energie verstärkt erden und Erzengel Jophiel um Unterstützung im Alltag bitten. Ansonsten werden Ihnen viele positive Veränderungen auffallen, zum Beispiel, dass Sie fröhlicher sind und dass Ihnen viele Dinge einfach leichter fallen.

Aktivierung der DNS-Lichtcodierungen 3 und 4

Nachdem ich die verschiedenen Dimensionen in früheren Kapiteln bereits kurz erwähnt habe, möchte ich nun erläutern, wie ich diesen Begriff verwende und die Dimensionen zuordne. Unter Dimension versteht man normalerweise die Abmessungen eines physikalischen Raums oder Körpers. Ich beziehe mich hier jedoch auf unterschiedliche Energiefrequenzen, die parallel in unserem Universum existieren. Wir sind als unbegrenzte Wesen nämlich nicht nur an die uns bekannte Dreidimensionalität gebunden, sondern haben gleichzeitig eine multidimensionale Existenz. Je mehr unserer DNS-Lichtcodierungen aktiviert sind, desto leichter fällt es uns, Einblick in andere Dimensionen, Realitäten und parallele Welten zu bekommen. Energieformen und Bewusstseinszustände kann man unterschiedlichen Dimensionen zuordnen, und die Dimensionen, die uns beim Übergang in die neue Zeit unterstützen, möchte ich Ihnen hier vorstellen:

1. Dimension – Kristalle

Kristalle sind Träger der ursprünglichen energetischen Informationen der Erde, der sogenannten Blaupause. Sie helfen uns bei der Verbindung mit dem energetischen Zentrum der Erde und sind gleichzeitig Informations- und Dateispeicher. Sie helfen uns auch, uns auf eine ganz bestimmte energetische Frequenz einzustellen. Sie brauchen sich zur Aktivierung der DNS-Lichtcodierungen zwar nicht unbedingt alle hier erwähnten Kristalle, Mineralien und Steine zu kaufen. Es wäre aber sehr hilfreich, wenn Sie sich ganz bewusst energetisch mit den hier aufgelisteten Kristallen und Mineralien verbinden könnten, um sich so auf die jeweilige Schwingungsfrequenz einzustellen.

2. Dimension – Tiere und Pflanzen

Tiere verfügen über eine stark ausgeprägte Intuition. Sie stehen eng mit der Erde, den Reichen der Natur und den geistigen Welten in Verbindung und wissen beispielsweise intuitiv, welche Pflanzen ihnen guttun, wenn sie krank sind. Ihre Wahrnehmungsfähigkeit über die Sinne ist der von Menschen insgesamt weit überlegen. In der Regel sind sie hellsichtig, hellfühlig, hellhörig und in der Lage, telepatisch zu kommunizieren.

Auch Pflanzen sind Informations- und Energieträger, die den Menschen zu Heilzwecken unterstützen. Sie können sich zum Beispiel jederzeit bewusst energetisch mit Heilkräutern und Pflanzen verbinden und sich auch bei der Aktivierung der DNS-Lichtcodierungen von ihnen unterstützen lassen. Dazu müssen Sie noch nicht einmal den Namen der jeweiligen Pflanze kennen.

3. Dimension – Menschen (MAN-Teil)

Menschen, die sich mit ihrem physischen Körper, ihren Rollen, Masken und Ängsten, also mit ihrem Ego identifizieren, sind auch mit ihrem Bewusstsein in der dritten Dimension. Sie glauben in der Regel nur an das, was sie sehen oder anfassen können, und lehnen die Existenz anderer Welten oder Dimensionen ab. Auch ein Leben nach dem Tod ist für sie unvorstellbar. Ihr Lebenssinn besteht daher meist in der Anhäufung materieller Güter, leider oft ohne Rücksicht auf andere oder unseren Planeten. – Diese harsche Existenz wird sich durch die Energieerhöhung der neuen Zeit und die Aktivierung des HU-Teils verändern. Gott sei Dank!

4. Dimension – Feen, Devas, Naturgeister

Die Wesenheiten aus dieser Dimension, mit denen viele Kinder spielen, werden von Erwachsenen meist als »unsichtbare Freunde« bezeichnet. Sie sind jedoch sehr real und wünschen sich Kontakt zu Menschen und vor allem ein friedliches, respektvolles Miteinander. Rücksichtsloses und unachtsames Verhalten der Natur gegenüber hat im Laufe der Zeit dazu geführt, dass sich die Wesenheiten aus dieser Dimension mehr und mehr von den Menschen zurückgezogen haben. Mittlerweile haben Umweltverschmutzung und drohende Umweltkatastrophen einige dieser Naturwesen jedoch dazu gebracht, sich gemeinsam mit den Engeln bei bewussten Menschen zu melden. Immer häufiger erscheinen sie als Lichtkugeln (sogenannte Orbs) auf Fotografien. (Auf meiner Webseite www.quantumengel.com sind faszinierende Bilder von Orbs zu sehen.) Die Wesen der vierten Dimension bringen den Menschen Leichtigkeit und haben oft einen ausgesprochenen Sinn für Humor, bis hin zur Schalkhaftigkeit. Sie sind fähig, eine Brücke zwischen der harschen dritten und der lichtvollen fünften Dimension zu bauen. Das schönste Symbol dafür ist der Regenbogen.

5. Dimension – Lichtwesen

Viele Lichtwesen – auch unsere Schutzengel – bewegen sich in der fünften oder einer noch höheren Dimension. In der neuen Zeit sind wir aufgefordert, zu dieser Ebene aufzusteigen und den eigenen Seelenauftrag zu erfüllen. Hier geht es nicht mehr um die Identifikation mit dem Ego. Mit dem, was wir tun, dienen wir nämlich nicht mehr nur uns selbst, sondern der ganzen Menschheit. Es geht um Weisheit und darum, das Dasein auf der dritten Ebene zu transformieren. Die aktive Arbeit mit diesem Buch und der CD erfüllt genau diesen Zweck. Sie gibt Ihnen die Möglichkeit, sich von der dritten über die vierte auf die fünfte Ebene zu begeben. Zusätzlich bekommen Sie viele Möglichkeiten des Einblicks und Aufstiegs in noch viel höhere Dimensionen.

Die Aktivierung der DNS-Lichtcodierungen macht es möglich, bewusst auf der fünften Energieebene zu schwingen und dabei in einem physischen Körper zu sein. Bislang konnten die meisten Menschen diesen Bewusstseinszustand nur erreichen, wenn sie ihren physischen Körper kurzfristig verließen. Der Grad der Bewusstheit und die Fähigkeit, auf einer hohen Energieebene zu schwingen, hängen davon ab, wie gut wir uns jetzt auf die neuen Energien vorbereiten. Indem Sie alle Übungen und Meditationen, die ich Ihnen in diesem Buch und auf der CD vorstelle, zunächst selbst machen, helfen Sie auch anderen Menschen, sich aus der harschen Dichte der dritten Dimension zu lösen und mit Ihnen in Resonanz zu gehen.

6. Dimension – Christus-/Buddha-Bewusstsein

In der sechsten Dimension gibt es keine Identität mit dem Ego mehr. Die Fähigkeit, Materie zu transformieren, ist ganz normal, die Verbundenheit mit allem ist vollkommen. Das heißt auch, dass bewusste Veränderungen im Innern Veränderungen im Außen erzeugen können. Es gibt keine Trennung mehr. Man ist selbst ein aufgestiegener Meister, eine bewusste Seele. Alle 64 DNS-Lichtcodierungen sind voll aktiviert, und der Dimmer ist entsprechend weit aufgedreht.

7. Dimension – Einheitsbewusstsein mit Gott

In dieser Dimension ist man völlig mit Gott/HU verschmolzen, der MAN-Teil ist transformiert. Einem unbegrenzten Wesen stehen alle Möglichkeiten offen. Gleichzeitig ist alles realisierbar, unabhängig von Zeit und Raum.

Es ist natürlich möglich, all diese Bewusstseinszustände auch nur für kurze Zeit zu erreichen, denn nur wenige Menschen auf diesem Planeten sind permanent im Gottesbewusstsein. Es werden aber immer mehr.

8. Dimension – ohne Definition

Diese Dimension ist quasi der Übergang zur nächsthöheren Schwingungsebene. In der Musik würde man das als höhere Oktave bezeichnen. Eine Tonleiter besteht aus acht Tönen, wobei der achte Ton gleichzeitig der erste Ton der neuen Oktave ist. Das Universum ist ähnlich aufgebaut und dehnt sich in unendlich viele Dimensionen aus. Es ist vielleicht schwer vorstellbar, aber wir existieren parallel in all diesen Dimensionen des Universums, nicht nur in der uns so gut bekannten dritten Dimension. – Werden Sie sich dessen in aller Ruhe bewusst.

Zur Aktivierung der DNS-Lichtcodierungen 3 und 4 arbeiten wir mit dem Sakralchakra und dem zweiten DNS-Energiekörper, der die physische DNS wie eine energetische Hülle umgibt. Das Sakralchakra steht in Zusammenhang mit unserer Kreativität, unserer Sexualität und unserer Göttinnen-Energie (unabhängig davon, ob jemand einen weiblichen oder einen männlichen Körper hat). Das emotionale Thema des Sakralchakras ist die Selbstliebe, die wiederum Voraussetzung für die volle Aktivierung der eigenen Göttinnen-Kraft ist. Bei vielen Menschen dominiert der männliche Aspekt der Kreativität. Das sind die sogenannten »Macher«, die immer aktiv sind und ständig irgendetwas tun müssen. Der weibliche Aspekt der Kreativität ist Inspiration, Intuition und das Empfangen neuer kreativer Impulse. Wenn dieser Aspekt domiert, hat eine Person zwar viele Ideen, kann sie aber oft nicht umsetzen.

Wenn die beiden Aspekte (männlich/weiblich) ausgeglichen und in Harmonie sind, gelingt es wesentlich leichter, gleichermaßen zu tun und zu sein. Dann können wir das kreieren, was unserem Herzen beziehungsweise dem eigenen Seelenauftrag wirklich entspricht.

Das Aktivieren der DNS-Lichtcodierungen 3 und 4 kann eine Reaktion im physischen Körper auslösen. Es kann zu einer Balance der Libido kommen, zur Harmonisierung der männlich-weiblichen Hormonausschüttung sowie zu einer vorübergehenden Veränderung des Menstruationszyklus und beispielsweise auch zu stärkeren Blutungen – ein Zeichen dafür, dass alte, gespeicherte Energien losgelassen werden. Wenn tiefe Emotionen gelöst werden und Unbehagen oder Traurigkeit hochkommen, sollten Sie Hilfe und Beratung in Anspruch nehmen. Auch das gehört zur Selbstliebe. Eine gesteigerte Intuition und eine insgesamt erhöhte Sensibilität können ebenfalls Folgen der Aktivierung sein. Sie erleichtern den Zugang zur geistigen Welt und die Kommunikation mit Lichtwesen. Die volle Aktivierung der Göttinnenkraft wird auch nach außen hin sichtbar. Wahrscheinlich werden Sie auf Ihre Ausstrahlung angesprochen, denn Sie sehen auf jeden Fall strahlender aus und fühlen sich auch besser.

Meditation mit Erzengel Haniel

Heilige Geometrie: Hexaeder
Element: Erde
Kristall/Mineral: Chrysocoll (weibliche Energie), Citrin (männliche Energie), Bernstein
Chakra: Sakralchakra
Farbe: Orange
Ton: A

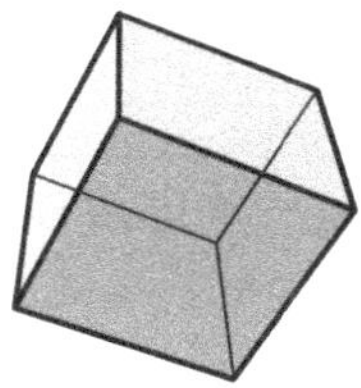

Nehmen Sie die Energie des Symbols in sich auf. Erden Sie sich gut, und stellen Sie sicher, dass Sie in Ihrem goldenen Kokon geschützt und ungestört sind. Legen Sie sich dann ganz entspannt auf den Rücken und schließen Sie die Augen. Versetzen Sie sich nun in einen meditativen Zustand, und lassen Sie sich dafür so viel Zeit, wie Sie brauchen.

Rufen Sie Erzengel Haniel, und bitten Sie ihn um Unterstützung beim Aktivieren der Lichtcodierungen 3 und 4. Dann folgen Sie Erzengel Haniel durch einen Tunnel. Er geht voraus und leuchtet den Weg. Es kann sein, dass Ihnen weitere Lichtwesen und Naturwesen folgen. Das ist in Ordnung.

Sehen Sie nun, dass Sie an einem Strand angekommen sind und auf ein goldenes Meer blicken. Die Wellen rauschen, und sie kommen und gehen in einem angenehmen Rhythmus. Gehen Sie nun in das Meer hinein, bis Ihnen das Wasser kurz unter dem Bauchnabel steht. Es hat eine angenehme Temperatur. Ein Energiestrudel bildet sich um Sie herum. Es ist die Energie von Erzengel Haniel, der nun Ihren Energiekörper und Ihre Chakren reinigt. Dazu benutzt er unter anderem die heilige Geometrie des Würfels. Das goldene Wasser wirbelt angenehm um Sie herum und durch Sie hindurch. Sie stehen sicher und fest mit beiden Füßen auf dem feinsandigen Meeresboden.

Erinnern Sie sich nun an eine Zeit, in der Ihre Lichtcodierungen 3 und 4 voll aktiviert waren und Sie wie jetzt im Meer gebadet haben. Und wieder schauen Sie auf den Sonnenuntergang, der wunderschön orange ist und sich auf der Meeresoberfläche spiegelt. Erzengel Haniel reicht Ihnen nun einen Bernstein, der viele Millionen Jahre alt ist und wertvolles Wissen gespeichert hat. In dem Moment, wo Sie den Bernstein fühlen, erinnern Sie sich ganz bewusst, und dann sagen Sie dreimal laut: »Meine Lichtcodierungen 3 und 4 sind voll aktiviert. Ich bin mit meiner Göttinnenkraft verbunden.«

Nachdem Sie diesen Satz dreimal gesagt haben, zieht sich das Meer ganz weit zurück wie bei Ebbe. Im Sand zu Ihren Füßen fun-

keln weitere Bernsteine und andere Kristalle. Einige haben männliche Energien, andere weibliche, deren Strahlen sie nun freundlich in Ihre Richtung senden. Es ist, als tanzten die männlichen und weiblichen Energiestrahlen um Sie herum nach einer schönen Melodie. Diese Energien hüllen Sie ganz harmonisch ein und durchdringen Ihren Lichtkörper.

Am Strand wartet Erzengel Haniel in einer goldenen Kutsche auf Sie. Steigen Sie ein und lassen Sie sich in Ihren physischen Körper zurückbringen. Halten Sie die Augen ruhig noch eine Weile geschlossen und lauschen Sie dem Rauschen des goldenen Meeres in Ihrem Inneren. Sie spüren ein angenehmes Kribbeln auf der Haut und in Ihrem ganzen Körpersystem. Es geht Ihnen gut – wie nach einem erholsamen Urlaubstag. Bedanken Sie sich bei Erzengel Haniel und seinen Helfern.

Aktivierung der DNS-Lichtcodierung 5

Zur Aktivierung der Lichtcodierung 5 arbeiten wir mit dem Solarplexuschakra und dem dritten DNS-Energiekörper, der ebenfalls eine energetische Hülle um die physische DNS bildet. Bei dieser Aktivierung geht es um die Transformation der restlichen Ego-Energien. Während die Themen im Basischakra hauptsächlich Existenzängste und im Sakralchakra Sexualität und Kreativität waren, geht es im Solarplexuschakra vor allem um Selbsterkenntnis und Selbstvertrauen. Das Solarplexuschakra bildet die Mitte des Chakrensystems. Es sitzt quasi zwischen den Ängsten und dem Herzen. Hier fällt auch die Entscheidung, ob man sich eher mit HU oder mit MAN identifiziert, ob man ein Leben voller Angst, Wut und Rachegedanken führen will oder eher voll Zufriedenheit, Zentriertheit und Liebe.

Durch Ausrichten des eigenen Willens nach dem göttlichen Willen und durch Auflösen der Illusion des Getrenntseins können Selbstzweifel, Ängste und Unsicherheiten transformiert werden. Was denken bloß die anderen über mich? Welche Rollen soll ich spielen? Welche Maske soll ich tragen? Bin ich gut genug? – All diese Fragen sind dann ebenso überflüssig wie »Was ist meine Lebensaufgabe?« Wenn der eigene Wille mit dem göttlichen Willen in Einklang ist, erfüllt man seinen Seelenauftrag und seine Lebensaufgabe automatisch.

Durch Aktivieren der DNS-Lichtcodierung 5 wird auch das Selbst-Bewusst-Sein gestärkt. Damit meine ich das bewusste Sein und das Wissen darüber, wer man in Wirklichkeit ist. Erzengel Michaels Name bedeutet: Er, der ist wie Gott. Das bedeutet, dass Erzengel Michael ein Aspekt Gottes ist, ein Teil der Gottesenergie. Und das gilt auch für Sie!

Wenn Sie den Aktivierungsprozess durchlaufen haben, sind Sie sich bewusst, ein Teil der Gottesenergie zu sein – wie ein menschlicher Engel oder ein Erdenengel.

Während und nach der folgenden Meditation/Aktivierung können sich Anzeichen emotionaler und physischer Entgiftung bemerkbar machen, je nachdem wie viel in diesem Prozess noch geklärt wird beziehungsweise, wie viel energetische Reinigungs- und Transformationsarbeit schon geleistet wurde (zum Beispiel durch Quantum-Engel-Heilung). Beobachten Sie, welche Emotionen zum Vorschein kommen, identifizieren Sie sich jedoch nicht damit. Wie beim Betrachten eines alten Fotoalbums können Erinnerungen wach werden. Nehmen

Sie es leicht! Es ist hilfreich, sich von negativen Emotionen zu befreien. Auf der physischen Ebene kann die Entgiftung über die Leber, den Darm und die Haut erfolgen. Doch auch hier besteht kein Grund zur Beunruhigung. Im Gegenteil: Entgiftung ist ein Grund zur Freude und wird Ihnen Erleichterung und Wohlgefühl verschaffen, sobald die Symptome abklingen, was spätestens nach einer Woche der Fall sein sollte. Setzen Sie die Intention, dass mögliche Reinigungsprozesse sanft ablaufen und alte Ängste in Liebe verwandelt werden.

Nutzen Sie die Zeit auch zum Aufräumen Ihrer Wohnung, der Abstellkammer, des Kellers, des Dachbodens, des Autos etc.

Meditation mit Erzengel Michael

Heilige Geometrie: Tetraeder
Element: Feuer
Kristall/Mineral: Turmalin, Kalzit, Pyrit
Chakra: Solarplexus
Farbe: Gelb
Ton: B

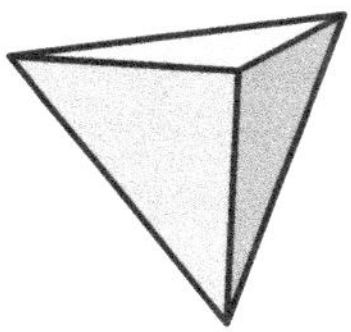

Nehmen Sie die Energie des Symbols in sich auf. Erden Sie sich gut, und stellen Sie sicher, dass Sie in Ihrem goldenen Kokon geschützt und ungestört sind. Legen Sie sich entspannt auf den Rücken und schließen Sie die Augen. Versetzen Sie sich in einen meditativen Zustand. Lassen Sie sich dafür so viel Zeit, wie Sie brauchen.

Rufen Sie nun Erzengel Michael, und bitten Sie ihn um Unterstützung beim Aktivieren der DNS-Lichtcodierung 5.

Visualisieren Sie eine goldene Flöte. Lauschen Sie ihrem melodischen Klang, und folgen Sie der Musik in weite Ferne bis in eine arabische Stadt, die aussieht wie aus 1001 Nacht. Sehen Sie den weißen Sultanspalast? Gehen Sie hinein. In diesem prachtvollem Palast gibt es viele schön bestickte Sitzkissen aus Seide sowie Edelsteine, Kristalle und Krüge mit frischem Wasser. Waschen Sie sich die Hände, und trinken Sie aus einem goldenen Weinglas, das Ihnen gereicht wird. Erzengel Michael ist mit Ihnen in diesem Raum. Es wird Harfe gespielt, und es ist sehr heiß, denn der Palast liegt mitten in der Wüste.

Folgen Sie nun einer Priesterin in einem weißen Gewand. Sie hält eine Fackel in der Hand und führt Sie durch verschiedene Gänge und schließlich die Stufen hinab in ein Kellergewölbe. In diesem Kellergewölbe liegen vergitterte Gefängniszellen, in denen Teile von Ihnen eingesperrt sind. Nehmen Sie jetzt den Schlüssel, den die Priesterin Ihnen reicht, und schließen Sie die Türen auf, hinter denen Teile und Aspekte von Ihnen gewartet haben. Lassen Sie alle frei. Die Gefangenen sind Ihnen sehr dankbar. Einige von ihnen waren viele Jahre lang eingesperrt, manche haben ihr ganzes Leben in Gefangenschaft verbracht. Wenn alle Verließe leer sind, folgen Sie der Priesterin in einen großen, pyramidenartigen Raum. Es ist ein Klangtempel, und der große Gong, der dort hängt, wird nun geschlagen. Sie spüren die Energie der Schallwellen. Sie vibrieren durch Ihr Solarplexuschakra und dehnen sich aus, bis sie Ihr ganzes Körpersystem erfassen. In der Mitte des Raumes, genau unter dem höchsten Punkt der Pyramide, steht eine Liege. Steigen Sie dort hinauf und legen Sie sich hinein. Sobald Sie ganz bequem liegen, öffnet sich die Pyramide und ein leuchtender hellgelber Lichtstrahl fällt senkrecht von oben herunter, genau auf Ihr Solarplexuschakra. Erinnern Sie sich, wer Sie sind, und sagen Sie laut: »Ich bin die Kraft Gottes für mich. Ich bin eins mit dem göttlichen Willen. Meine Lichtcodierung 5 ist voll aktiviert.« Nehmen Sie wahr, dass sich dieser Lichtstrahl wie Feuer in Ihr Solarplexuschakra brennt und alle Energien transformiert, die nicht dem göttlichen Willen entsprechen. Spüren Sie nun, dass Ihr ganzer Körper von Licht durchflutet ist. Wiederholen Sie noch zweimal: »Ich bin die Kraft Gottes für mich. Ich bin eins mit dem göttlichen Willen. Meine Lichtcodierung 5 ist voll aktiviert.« Erleben Sie jetzt, wie sich die Pyramide ganz öffnet. Die Seitenteile klappen herunter, und Ihre Liege schwebt in der Luft. Überall sehen Sie nun kleine Lichtpyramiden, die sich drehen und scheinbar schwerelos um Sie herumschweben. Zusammen bilden sie ein goldenes Lichtgefährt, und ihre Energien wirken wie ein großer Magnet, der nun dafür sorgt, dass Sie sicher durch Zeit und Raum gezogen werden.

Ganz langsam schweben Sie zurück an den Ort, von dem Sie gestartet sind. Es kann sein, dass es noch ein wenig in Ihren Ohren rauscht. Kommen Sie daher ganz behutsam in Ihren Körper zurück. Ihr Körper passt sich jetzt auch wieder der Raumtemperatur an. Öffnen Sie allmählich die Augen, und trinken Sie innerhalb der nächsten fünf bis zehn Minuten ein Glas Wasser. Bedanken Sie sich bei Erzengel Michael für seine Unterstützung. Er steht noch immer neben Ihnen. Er hat Sie auf Ihrer Reise bewacht und hilft Ihnen auch in den nächsten Tagen, die Energieumstellung gut zu verkraften.

Aktivierung der DNS-Lichtcodierungen 6 und 7

Viele Menschen haben im Laufe ihres Lebens auf diesem Planeten Kummer, Leid, Trennung, Verlust und sonstigen Herzschmerz erfahren. Diese emotionalen Energien müssen zunächst geheilt werden. Sollten Sie noch keine Möglichkeit gehabt haben, Ihr Herz zu heilen, oder auch, wenn Sie aktuelle Probleme haben, empfehle ich Ihnen, die Meditation »Heilung des Herzens« (auf der CD *Quantum-Engel-Liebe*) zu machen, bevor Sie diese Aktivierung durchführen. Das heißt natürlich nicht, dass Sie die Lichtcodierungen 6 und 7 sonst nicht aktivieren können. Es ist nur so, dass wir hier mit dem vierten Lichtkörper der DNS arbeiten, und dessen Resonanzkörper ist nun mal das Herzchakra. Wenn Sie nun gerade mitten in einer ausgewachsenen Beziehungskrise sind und Liebeskummer haben, ist es wahrscheinlich, dass sich Ihr »Herz-Dimmer« auch nach der Aktivierung nicht ganz aufdrehen lässt. Dies geschieht zu Ihrem eigenen Schutz. Wenn Sie nämlich starke Energien wie Hass und Rachegefühle aus einem verletzten Herzen aussenden, ziehen Sie niedrige Schwingungen und nur noch mehr Probleme in Ihr Leben. Fangen Sie also, wenn Sie Ihre Situation heilen möchten, bei sich an. Zur Unterstützung können

Sie einen Aqua-Aura-Kristall in Herzhöhe tragen. Dieser Kristall hat alchemistische Fähigkeiten. Er hilft, die schweren Herzenergien und traurigen Erfahrungen so zu verwandeln, dass Ihr Herz zum Magneten für Liebe und Leichtigkeit wird. Wir haben so gute Erfahrungen mit Aqua-Aura-Kristallen gemacht, dass wir sie auch in unseren Seminaren einsetzen (Onlineshop: www.quantumengel.com).

Nach Aktivierung der Lichtcodierungen werden Sie die Auswirkungen der Energieerhöhung zu spüren bekommen, und zwar abhängig davon, wie es um Ihre Herzenergien bestellt ist. Es ist zwar möglich, dass Sie gar nichts spüren, aber dadurch, dass das Herzchakra auf Höhe der Thymusdrüse liegt (sie schüttet Hormone aus, die das Immunsystem beeinflussen), kann es durchaus zu körperlichen Reaktionen kommen: Sie fühlen sich insgesamt fitter, Blutdruck und Herzschlag normalisieren sich, Wärme- und Kälteempfinden werden reguliert.

Falls Sie Medikamente einnehmen, sollten Sie Ihren Arzt konsultieren. Eine Anpassung könnte nötig werden.

Erzengel Chamuel unterstützt den Heilungsprozess des Herzens durch seine bedingungslose Liebe und die Energie der Dankbarkeit. Er hilft stagnierende Energien und

Anhaftungen zu lösen, damit uns nichts mehr zurückhält und wir unsere göttliche Kraft auch wirklich aktivieren können.

Meditation mit Erzengel Chamuel

Heilige Geometrie: Oktaeder
Element: Luft
Kristall/Mineral: Aqua-Aura-Kristall, Rosenquarz
Chakra: Herzchakra
Farbe: Grün
Ton: C, C#

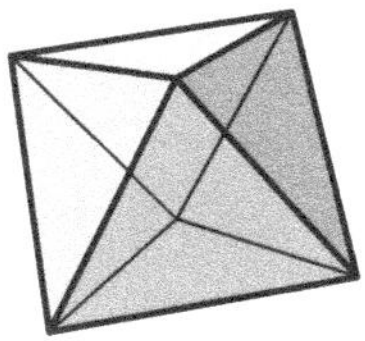

Nehmen Sie die Energie des Symbols in sich auf. Erden Sie sich gut, und stellen Sie sicher, dass Sie in Ihrem goldenen Kokon geschützt und ungestört sind. Legen Sie sich dann entspannt auf den Rücken, und schließen Sie die Augen. Versetzen Sie sich in einen meditativen Zustand. Lassen Sie sich dafür so viel Zeit, wie Sie brauchen.

Rufen Sie nun Erzengel Chamuel, und bitten Sie ihn um Unterstützung bei der Aktivierung der DNS-Lichtcodierungen 6 und 7.

Erzengel Chamuel führt Sie in eine wunderschöne Kristall-

höhle. Von der Decke hängen funkelnde Kristalle und ringsum sehen Sie weitere Kristalle, die aus dem Boden zu wachsen scheinen. Sie schimmern grünlich und rosa. Gehen Sie tiefer in die Kristallhöhle hinein, und suchen Sie eine gemütliche Stelle, wo Sie sich in Ruhe hinsetzen können. Sie sind nicht allein hier. Diese Höhle ist von Zwergen bewohnt, die Ihnen nun helfen werden, kristalline Strukturen aus Ihrem Energiekörper zu entfernen. Sie lösen zum Beispiel ungeweinte Tränen und andere scharfkantige Kristalle, die Kummer und Schmerzen symbolisieren. Die Stellen, an denen sie etwas entfernt haben, reiben sie mit einem wohlriechenden Heilöl ein, damit die alten Wunden heilen können. Innerhalb weniger Minuten sind keine Narben oder Spuren früherer Verletzungen mehr zu sehen. Atmen Sie den Duft des Öls ein. Ihr Herz schlägt ruhig, und Sie sind ganz entspannt. Bedanken Sie sich bei den Zwergen. Sie werden eingeladen wiederzukommen, wann immer Sie sich ausruhen möchten und möglicherweise Heilung brauchen. Nachdem Sie sich eine ganze Weile bei den Zwergen ausgeruht haben, hören Sie in der Ferne wunderschöne Musik. Sie ist nicht von dieser Welt. Gehen Sie weiter, und spüren Sie dabei, wie leicht Sie sich fortbewegen – so als schwebten Sie. Wieder werden Sie von Erzengel Chamuel begleitet.

Sie treffen drei wunderschöne Wesen. Es sind die lichtvollen Wassernixen, die diese schönen Klänge ausgesendet haben. Sie symbolisieren Vergangenheit, Gegenwart und Zukunft. Reichen Sie diesen drei schillernden Wesen die Hände, sodass Sie mit ihnen im Kreis tanzen können. Sie drehen sich immer schneller und schneller im Kreis, so schnell, dass die drei Wesen schließlich aussehen wie ein einziges.

Wenn Sie nun in Ihrer Drehbewegung innehalten, sehen Sie, dass aus den drei Wesen tatsächlich ein einziges geworden ist und Vergangenheit, Gegenwart und Zukunft in Ihrem Bewusstsein miteinander verschmolzen sind. Das lichtvolle Wesen spricht zu Ihnen: »Zeit und Raum ist eine Illusion. Du bist jetzt hier, und gleichzeitig bist du woanders.« *Das Wesen lächelt Sie freundlich an und signalisiert Ihnen, die Hand aufs Herz zu legen. Legen Sie also eine Hand auf Ihr Herz und sagen Sie dabei dreimal laut: »Ich bin die Kraft Gottes für mich. Meine DNS-Lichtcodierungen 6 und 7 sind aktiviert.« Spüren Sie, während Sie diese Worte sagen, wie Ihr Herz vibriert und Energiesignale durch all Ihre Körper sendet. Die Energiesignale sind codiert und bedeuten:* Ich bin Liebe. *Atmen Sie tief ein und aus, fühlen Sie, wie Ihr Herz schlägt, und spüren Sie vor allem die Liebe.*

Das Lichtwesen freut sich jetzt mit Ihnen und umarmt Sie ebenso herzlich wie sanft. Dann zeigt es Ihnen den Weg aus der Kristallhöhle und bestreut Sie zum Abschied noch ein wenig mit glitzerndem Staub. Dieser Staub besteht aus winzig kleinen Partikeln. Es ist die Energie der Liebe, die Sie nun in Ihrem Herzen und auch in Ihrer Aura tragen. Erzengel Chamuel wartet am Ausgang der Höhle und trägt Sie nun auf seinen großen weißen Flügeln zurück. Kommen Sie ganz in Ihrem physischen Körper an, und spüren Sie die angenehmen Veränderungen in Ihrem ganzen Wesen.

Lassen Sie sich noch ein wenig Zeit, bevor Sie aufstehen, und überlegen Sie derweil, womit Sie sich selbst etwas Gutes tun könnten. – Denken Sie daran, sich selbst zu lieben, und dies immer zu beherzigen. Dann werden Sie viel Liebe ausstrahlen und sie der ganzen Welt schenken können.

Aktivierung der DNS-Lichtcodierungen 8 und 9

Bei dieser Aktivierung arbeiten wir mit dem fünften Energiekörper der DNS und gehen in Resonanz mit dem Halschakra, denn Thema ist der göttliche Ausdruck beziehungsweise die göttliche Stimme. Damit ist gemeint, dass unser Ego nicht mehr so oft zu Wort kommt, zum Beispiel mit Äußerungen wie »Ich bin nicht gut genug. Ich kann das nicht. Ich habe das gar nicht verdient« oder »Ich bin der beste Heiler und das tollste Medium der Welt.« Hier spricht unser HU, unsere Gotteskraft, und zwar über unser Herz und mit unserer Stimme. Wahrheit, Weisheit und Liebe können so zum Ausdruck gebracht werden. Diese Aktivierung ist für viele Lichtarbeiter besonders wichtig, weil sie oft Angst haben, öffentlich über ihre Heilarbeit, über Engel und andere spirituelle Themen zu sprechen. Manche haben in früheren Leben die Erfahrung gemacht, dass sie dafür gehängt oder geköpft wurden, und diese Erinnerungen sind noch als Energien gespeichert und blockieren den göttlichen Ausdruck. Auch hier besteht Heilungsbedarf. Erzengel Zadkiel wird helfen, alles zu transformieren, was den Selbstausdruck noch blockieren könnte. Wahrscheinlich fällt es Ihnen danach noch leichter, laut und deutlich zu sagen: »Ich bin die Kraft Gottes für mich!«

Das Aktivieren der Lichtcodierungen 8 und 9 verstärkt auch die Fähigkeit, mit Engeln (Botschafter Gottes) und Wesen aus der geistigen Welt zu kommunizieren. Bei Medien, die das bereits tun, wird die Kommunikation klarer. Die geistigen Botschaften können akkurater und wahrheitsgemäßer vermittelt werden, und das ist gut, denn die Ego-Meinung eines Mediums ist vor allem in der professionellen Arbeit mit Klienten nicht gefragt. Durch die Aktivierung wird es auch sehr viel leichter, die Lichtsprache der geistigen Welt in Worte zu übersetzen, die den Klienten aus ihrem Alltag vertraut sind. Lichtwesen kommunizieren telepathisch und verwenden dabei sehr häufig eine bildhafte Sprache, die nicht interpretiert, sondern nur inhaltlich richtig wiedergegeben werden sollte. Das erfordert ein wenig Übung. Ich selbst mache das in diesem Leben seit mehr als zwanzig Jahren und muss sagen, dass das Halschakra und die damit verbundenen Organe lange Zeit eine persönliche Herausforderung für mich darstellten. Früher hatte ich sehr häufig schmerzhafte Mandelentzündungen, doch die operative Entfernung der Mandeln – die »Lösung« des Arztes – lehnte ich ab. Stattdessen habe ich mit den Engeln gearbeitet und seitdem nie wieder eine Mandelentzündung gehabt. Alles, worüber ich in meinen Büchern schreibe, beruht auf langjährigen praktischen Erfahrungen und soll meinen Lesern helfen, mögliche

Herausforderungen in ihrem eigenen Leben leichter zu bewältigen.

Dadurch dass Sie die DNS-Lichtcodierungen 8 und 9 aktivieren, können Sie viel Zeit sparen. Hellhörigkeit, Hellsichtigkeit, Hellfühligkeit und ähnliche Fähigkeiten werden sich sehr schnell entfalten. Damit verändert sich auch die Wahrnehmungsfähigkeit, die wir in den ersten Kapiteln dieses Buches zu schulen begonnen haben. Alte Glaubensmuster werden sich ebenfalls verändern, denn Sie werden erleben, dass alles möglich ist. Wenn Sie beispielsweise die Botschaften Gottes über die Engel channeln und wiedergeben, werden Sie sich manchmal wundern, welche Weisheiten aus Ihrem Mund kommen. Nur die Worte, die das Ego, zum Beispiel aus Angst, Rache und Hass spricht, können andere Menschen verletzen. Ich wünsche mir für die neue Zeit, dass alle Menschen liebevolle Worte füreinander finden.

Auf der physischen Ebene können sich die mit dem Halschakra in Verbindung stehenden Organe bemerkbar machen, vielleicht durch ein leichtes Kratzen im Hals, eine Veränderung der Stimme, des Energielevels und/oder des Stoffwechsels, der mit der Schilddrüse zu tun hat. Achten Sie auf Ihr Gewicht. Nehmen Sie plötzlich zu oder ab? Zwar kann die Aktivierung der Lichtcodierungen keine Krankheiten verursachen, doch bereits bestehende Energieblockaden, die bisher verborgen waren, können zum Vorschein kommen und aufgelöst werden.

Nutzen Sie auch die Kraft des Sugilith, der in Verbindung mit dem violetten Strahl limitierende Energien transformiert und den göttlichen Selbstausdruck verstärkt. Wenn sich der physische Körper erst an die Energieerhöhung und das neue Resonanzniveau gewöhnt hat, ist ein Ansteigen des physischen Energielevels sehr wahrscheinlich. Sie fühlen sich, als könnten Sie alles bewältigen, und keine Aufgabe ist zu groß für Sie. Übernehmen Sie sich nicht, und geben Sie Ihrem Körper genügend Zeit für Ruhe und Schlaf.

Falls Sie regelmäßig vor Publikum sprechen, werden Sie feststellen, dass sich durch die Aktivierung etwas verändert hat: Ihre Botschaften kommen nun auch wirklich bei den Zuhörern an.

Meditation mit Erzengel Zadkiel

Heilige Geometrie: Ikosaeder
Element: Wasser
Kristall/Mineral: Türkis, Blauer Topas, Sugilith
Chakra: Halschakra
Farbe: Helles Blau
Ton: D

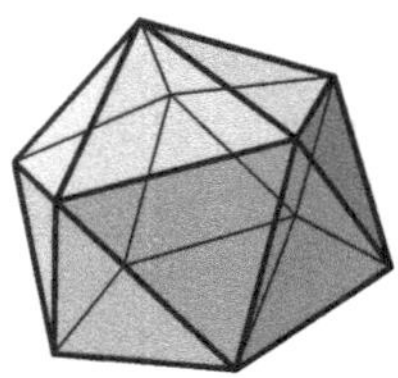

Nehmen Sie die Energie des Symbols in sich auf. Erden Sie sich gut, und stellen Sie sicher, dass Sie in Ihrem goldenen Kokon geschützt und ungestört sind. Legen Sie sich dann entspannt auf den Rücken, und schließen Sie die Augen. Versetzen Sie sich in einen meditativen Zustand. Lassen Sie sich dafür so viel Zeit, wie Sie brauchen.

Rufen Sie Erzengel Zadkiel, und bitten Sie um seine Führung beim Aktivieren der DNS-Lichtcodierungen 8 und 9.

In Liebe verbindet sich Zadkiel mit Ihrem Energiefeld und bittet Sie um Ihr Vertrauen auf dieser für Sie ungewöhnlichen Reise. Er bringt Sie in ein fernes Land mit vielen hohen Bergen. Alle diese Berge stehen für Herausforderungen aus Ihrer Vergangenheit. Manche scheinen fast unüberwindbar. Lassen Sie sich um diese Berge herumführen, bis Sie auf einer schönen Wiese in einem breiten Tal angekommen sind. Durch diese Wiese fließt ein kleiner Bach. Setzen Sie sich am Ufer des Baches ins Gras, und ruhen Sie sich dort ein wenig aus. Der Bach ist ganz klar und fließt ruhig. Die Sonne scheint, und es ist angenehm warm. Sie beschließen nun, in diesem Bach zu baden. Die Wasseroberfläche glitzert einladend, und Sie legen Ihre alten Kleider und Schuhe ab. Zunächst halten Sie nur ganz vorsichtig die Zehenspitzen ins Wasser, doch dann gehen Sie ganz hinein und schließlich schwimmen Sie sogar in diesem Bach. Dabei fällt Ihnen auf, dass das Wasser eine schöne hellblaue Farbe hat, sich ganz weich anfühlt und voller Mineralien ist. Es ist so klar, dass Sie auf dem Grund Kristalle und Steine erkennen können, die abwechselnd leuchten. Sie dürfen mit diesen Steinen spielen. Im Gras hören Sie Grillen zirpen. Es ist ein hoher Ton mit einer ganz besonderen Fre-

quenz. Sie spüren ihn als leichtes Vibrieren im Halschakra. Lassen Sie nun den Ton aus Hals und Mund kommen, der dort herauskommen möchte, und singen Sie die Silbe HU mehrere Male hintereinander. Das Wasser des Baches umspült nicht nur Ihren Körper. Seine vitale Energie ist auch in jeder Zelle Ihres physischen Körpers und in Ihrem ganzen Energiekörper zu spüren. Sagen Sie nun dreimal laut: »Ich bin die Kraft Gottes für mich, und meine DNS-Lichtcodierungen 8 und 9 sind aktiviert.«

Dann kommen Sie wieder aus dem Wasser und sehen, dass im Gras neue Kleider für Sie bereitliegen, die Erzengel Zadkiel für Sie ausgesucht hat. Das Gewand haben die Engel aus feinen Gold- und Silberfäden angefertigt. Legen Sie es an, und schlüpfen Sie in die neuen goldenen Pantoffeln, die Sie auf Ihrem Lichtweg ganz sicher tragen werden. Gehen Sie nun Seite an Seite mit Erzengel Zadkiel zurück. Erkennen Sie, dass alle Berge und Hindernisse verschwunden sind und dass Sie alles, was um Sie herum geschieht, mit Ihren Sinnen wahrnehmen können. Sie hören die Blumen sprechen und die Bienen summen und können sämtliche Naturwesen verstehen. Sie haben Zugang zu den geistigen Welten und können mit ihnen kommunizieren. Es fällt Ihnen ganz leicht. Hören Sie genau hin, welche Botschaften Sie nun bekommen.

Nachdem Sie eine Weile quer durch die Landschaften der geistigen Welten gewandert sind, stehen Sie plötzlich wieder auf einem Weg. Gehen Sie diesen Weg entlang, und kommen Sie wieder ganz bei sich und in Ihrem physischen Körper an. Es war schön! Sie fühlen sich wie neugeboren. Bedanken Sie sich bei Erzengel Zadkiel für seine Begleitung und seine Geschenke.

Um Ihren neuen Selbstausdruck zu bekräftigen, sagen Sie jetzt dreimal: »Ich bin die Stimme Gottes.« Genießen Sie Ihre veränderte Wahrnehmungs- und Ausdrucksfähigkeit, und ruhen Sie sich noch etwa eine halbe Stunde lang aus. Respektieren Sie auch in den nächsten Tagen Ihr gesteigertes Bedürfnis nach Ruhe und Schlaf.

Aktivierung der DNS-Lichtcodierung 10

An dieser Stelle möchte ich kurz zusammenfassen, wie die Aktivierung der DNS-Lichtcodierung genau funktioniert. Ich habe schon erklärt, warum es wichtig ist, dass wir vor dieser Energiearbeit gut geerdet sind, und wie man das macht (siehe Seite 153 ff.). Eine wichtige Voraussetzung ist auch, dass wir vorher einen meditativen Zustand erreicht haben, der unser Gehirn in einen Alpha- oder Gammazustand versetzt. Nur dann können wir die Dreidimensionalität beziehungsweise Zeit und Raum überbrücken und energetische Veränderungen an unserer energetischen Blaupause vornehmen, die sich auf die physische Ebene übertragen. Die Symbole der heiligen Geometrie haben eine energetische Wirkung und stehen in Verbindung mit den vier Elementen, den Planeten und dem ganzen Kosmos. Nehmen Sie vor Beginn der Meditation die Energie des Symbols in sich auf, wie ich es auf Seite 187 f. beschrieben habe, und lassen Sie sie wirken. Die Erzengel haben die Meditationen so konzipiert, dass Sie die Symbole auf unterschiedliche Weise einsetzen, wodurch Ihre Energiezentren zusätzlich aktiviert werden. In den vorangegangenen Kapiteln habe ich erläutert, dass Umweltfaktoren beziehungsweise Frequenzen in unserer Umwelt, die automatisch mit unserer DNS in Resonanz gehen, eine entscheidende Rolle für unser Wohlergehen und unsere weitere Entwicklung spielen. Wenn wir nun in den Meditationen, die genau auf die jeweilige Aktivierung abgestimmt sind, in Berührung mit Farben, Symbolen, Affirmationen, Kristallen und den Frequenzen der Erzengel und Lichtwesen kommen, entsteht ein Energiefeld. Es aktiviert die lichtempfindliche Zirbeldrüse, die alle anderen Chakren energetisch stimuliert und somit den Energiefluss in unserem gesamten Körpersystem anregt. Das läuft so ab: Die Zirbeldrüse kommuniziert mit den primordialen Zellen, in denen die erste DNS-Aktivierung der jeweiligen Lichtcodierung stattfindet. Danach werden diese Lichtcodierungen in allen anderen Zellen unseres Körpers aktiviert. Dadurch erhöht sich unser Energieniveau, und das Bewusstsein erweitert sich.

Darüber hinaus passiert noch viel mehr, was Ihr ganzes Wesen auf allen Ebenen und auch in anderen Dimensionen betrifft, doch nicht alles kann in Worten, also für den logisch denkenden Teil des Gehirns erklärt werden. Lassen Sie es einfach geschehen, und freuen Sie sich auf die wundervollen Auswirkungen der Aktivierung Ihrer eigenen göttlichen Kraft.

Zur Aktivierung der DNS-Lichtcodierung 10 arbeiten wir mit dem sechsten DNS-Lichtkörper und dem Stirnchakra, auch Drittes Auge genannt. Das Symbol der heiligen Geometrie ist das Dodekaeder, in dem alle vier Elemente kombiniert sind, um das fünfte zu formen, welches den Kosmos repräsentiert. Es steht in Verbindung mit dem Dritten Auge und dem Seelenstern oder der Seelenebene, über die ich später noch mehr sagen werde. Durch Aktivierung dieser DNS-Lichtcodierung erkennen wir, dass es viel mehr gibt als die Illusion der Dualität in der dritten Dimension. Auch die hier ausgewählten Kristalle unterstützen diesen Prozess der Erkenntnis. Es wird uns leicht fallen, hinter den geistigen Vorhang in andere Dimensionen und spirituelle Energiewelten zu schauen. Wir öffnen uns diesen Welten, ohne zu urteilen, was gut oder schlecht, richtig oder falsch ist. Durch diese Öffnung haben wir auch Zugang zu unseren inneren Welten, zu unserem Unterbewusstsein und zu unserem inneren Heiler.

Erzengel Raphael ist der Heiler-Engel. Sein Name bedeutet: Der, den Gott heilt. Er wird uns darin unterstützen, die Sprache unseres Körpers und seine Botschaften intuitiv zu verstehen. Raphael wird uns auch helfen, nach innen zu schauen und unser eigener Heiler zu sein. Damit übernehmen wir die Verantwortung für unser eigenes Wohlergehen. Niemand kann uns heilen, außer der göttlichen Kraft, zu der wir alle Zugang haben, weil wir ein Teil von ihr sind. Wir alle sind Heiler im folgenden Sinne:

Ein guter Heiler ist jemand, der krank war und gesund geworden ist. Ein sehr guter Heiler ist jemand, der krank war und ganz schnell wieder gesund worden ist.

Sagen Sie, wenn Sie gerade eine gesundheitliche Herausforderung zu bewältigen haben, mehrmals täglich den Satz: »Ich bin die Kraft Gottes für mich, und ich bin gesund.« Erzengel Raphael hilft uns bei dieser Aktivierung auch zu erkennen, wie die Elemente der Natur und die Naturwesen den Heilungsprozess unterstützen können, zum Beispiel indem er uns an altes Wissen wie Pflanzen- und Kräuterheilkunde erinnert.

Diese Aktivierung kann auch physische Auswirkungen haben, zum Beispiel dass sich die Augen müde oder überanstrengt anfühlen. Tatsache ist, dass Sie jetzt viel mehr wahrnehmen als vorher und die Welt buchstäblich mit ganz neuen Augen sehen. Es kann auch sein, dass Farben jetzt viel intensiver wirken und die Augen insgesamt sensibler auf Licht reagieren. Vielleicht können Sie sogar die Aura von Menschen in verschiedenen Farben sehen. Wenn Sie ein Druckgefühl auf der Stirn spüren oder leichte Kopfschmerzen haben, hängt das mit der Öffnung des Dritten Auges zusammen und ist kein Grund zur Beunruhigung. Sollten Sie einen hohen Pfeifton im Ohr hören, so ist es kein Tinnitus, sondern ein Zeichen dafür, dass sich Ihre Ohrchakren geöffnet haben und Sie die Sprache der Lichtwesen verstehen können. Das kann sich auch in Träumen bemerkbar machen oder der nun stärker ausgeprägten Fähigkeit, in der Meditation Bilder und Farben zu sehen. Ihre intuitive Wahrnehmung ist intensiver geworden. Das werden Sie auch spüren, wenn Sie schon vor der Aktivierung hellsichtig waren. Es gibt nämlich unterschiedliche Ebenen der Hellsichtigkeit, ähnlich wie es bei einem Fernseher unterschiedliche Kanäle gibt. Wenn Sie vorher zum Beispiel drei Kanäle sehen konnten, können Sie jetzt unendlich viele in größerer Klarheit empfangen.

Alle diese Fähigkeiten erfordern natürlich auch ein gewisses Maß an Eigenverantwortung. Es ist keinesfalls empfehlenswert, sämtlichen Freunden begeistert mitzuteilen, was Sie nun alles sehen können. Wichtiger wäre es, andere Menschen zu ermutigen, ihre eigene Gotteskraft und ihre eigenen seherischen Fähigkeiten zu aktivieren. Eigenverantwortung spielt auch in Zusammenhang mit Gedanken und Gefühlen eine große Rolle, denn deren Auswirkung ist nun noch wesentlich kraftvoller: Sie können spontan manifestieren, was Sie gerade denken und fühlen. Überprüfen Sie also noch einmal Ihre Glaubensmuster und unterbewussten Programme. Vielleicht können Sie auch noch Ihren inneren Heiler aktivieren.

Das bedeutet nicht, dass Sie ab sofort keine Behandlungen von Personen Ihres Vertrauens und/oder Engeln mehr in Anspruch nehmen sollten. Sie sollten sich nur darüber im Klaren sein, dass diese als Katalysator für Ihre Selbstheilungskräfte wirken.

Erinnern Sie sich, dass jeder Mensch auf einer anderen »Dimmer-Stufe« ist. Die Aktivierung der DNS-Lichtcodierungen wirkt dauerhaft, aber der Dimmer kann je nach Lebenssituation mehr oder weniger aufgedreht sein. Das heißt: Je nach Umfeld entsteht eine Resonanz zu hohen oder weniger hohen energetischen Schwingungen.

Als ich vor vielen Jahren anfing, meine Hellsichtigkeit in Readings einzusetzen, gab es immer mal wieder einen Klienten, bei dem ich gar nichts sehen konnte. Aufgrund mangelnder Erfahrung mit solchen Situationen dachte ich dann: »Na ja, da habe ich wohl einen schlechten Tag erwischt.« Gewundert hat mich damals nur, dass ich beim nächsten Klienten wieder ganz viel sehen konnte und auch viele Engelbotschaften bekam. Heute weiß ich, dass in so einem Fall der Klient auf einem sehr niedrigen Energieniveau war, zum Beispiel voller Ängste und Fremdenergien. Am leichtesten ist es, ein Reading für Lichtkinder zu machen, denn sie schwingen auf einer sehr hohen Energieebene und sind von wundervoller Klarheit.

Meditation mit Erzengel Raphael

Heilige Geometrie: Dodekaeder
Zuordnung: Kosmos
Kristall/Mineral: Malachit, Azurit
Chakra: Stirnchakra, Drittes Auge
Farbe: Indigo
Ton: E

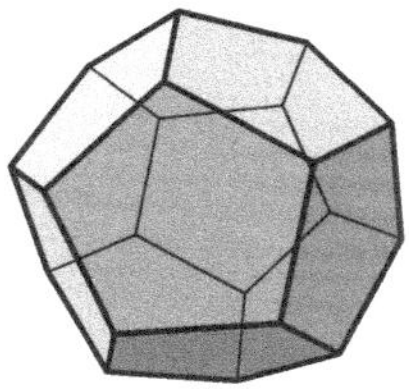

Nehmen Sie die Energie des Symbols in sich auf. Erden Sie sich gut, und stellen Sie sicher, dass Sie in Ihrem goldenen Kokon geschützt und ungestört sind. Legen Sie sich dann entspannt auf den Rücken und schließen Sie die Augen. Versetzen Sie sich in einen meditativen Zustand. Atmen Sie dabei tief ein und aus, und bitten Sie Ihre Schutzengel, Ihr Energiefeld von möglichen negativen Energien zu reinigen. Lassen Sie sich dafür so viel Zeit, wie Sie brauchen.

Rufen Sie nun Erzengel Raphael, und freuen Sie sich auf eine spannende Reise. Raphael hält heute einen Geländewagen für Sie bereit, mit dem Sie auch unebene Wegstrecken befahren können. Sie steigen ein – und los geht's.

Bald kommen Sie an einen Wasserfall. Sie steigen aus und stellen sich unter diesen besonderen Wasserfall. Sie merken schnell, dass dies kein normales Wasser ist, sondern eine energetische Flüssigkeit mit ganz besonderen Eigenschaften – und sie kommt direkt aus der göttlichen Quelle. Lassen Sie diese Flüssigkeit über Ihren Kopf, die Stirn, den Hals und Ihren ganzen Körper fließen. Sie spüren ein angenehmes Prickeln auf Ihrer Haut. Erkennen Sie, dass Ihr Körper wie ausgetrocknet ist, und saugen Sie diese lichtvolle Flüssigkeit in jede einzelne Ihrer Zellen – wie ein Schwamm. Atmen Sie dabei tief ein und aus. Das energetische Lichtwasser fließt nun über Ihr Kronenchakra in Ihren physischen Körper und in alle Ihre Energiekörper. Sagen Sie dreimal laut: »Ich bin die Kraft Gottes für mich. Meine DNS-Lichtcodierung 10 ist aktiviert. Ich sehe mit Gottes Augen.« Spüren Sie dabei, wie sich Ihr Drittes Auge öffnet, und sehen Sie, dass Erzengel Raphael vor Ihnen steht. Er sagt: Du bist ein Teil von mir. Ich bin ein Teil von dir. *Sehen Sie nun, wie die Energie zwischen Ihnen beiden hin und her fließt und wie das Wissen und die Heilfähigkeit von Erzengel Raphael in Ihnen aktiviert werden. Es ist, als erwachten sämtliche Zellen aus einem längeren Winterschlaf. Die Türen zu den Zellen öffnen sich und gold-grüne Energie strömt hinein, bis sie ganz davon erfüllt sind. Sie spüren Freude, Liebe und Dankbarkeit im Herzen.*

Steigen Sie wieder ein in Erzengel Raphaels himmlischen Geländewagen. Wenn Sie an Ihrem Körper hinunterschauen, sehen Sie, dass Sie viel mehr Energie ausstrahlen als vorher und insgesamt deutlich energiegeladener und kraftvoller sind.

Halten Sie den Wagen an, steigen Sie aus und betrachten Sie einen Grashalm aus nächster Nähe. Mit Ihrem göttlichen Sehvermögen erkennen Sie sämtliche Zellen dieses Grashalms und sehen sogar, wie die Energie darin fließt. Es ist, als schauten Sie durch ein Mikroskop. Faszinierend. Es ist Ihnen nun möglich, auf allen Ebenen des Kosmos zu sehen. Danken Sie dem Grashalm für diese Erfahrungen, und bedanken Sie sich auch bei Erzengel Raphael, der Sie nun in seinem Geländewagen wieder zurückbringt. »Vergiss nicht«, sagt er zum Abschied: »Ich bin du und du bist ich.« *Er lächelt und dankt Ihnen für diese Begegnung. Auch Sie bedanken sich, lassen seine Worte noch ein wenig nachschwingen und erkennen ihre wahre Bedeutung: Sie haben Zugang zu jeglichem Wissen und können aufgrund Ihrer Hellsichtigkeit in alle Dimensionen schauen, unabhängig von Zeit und Raum. Dabei betrachten Sie immer sich selbst, denn Sie sind eins mit allem, was ist.*

Öffnen Sie nun allmählich die Augen, und vermeiden Sie in den nächsten Tagen grelles Licht. Vielleicht tragen Sie auch einfach eine dunkle Sonnenbrille, bis Sie sich an die hohen Lichtfrequenzen gewöhnt haben.

Sie können Ihr Drittes Auge jederzeit bewusst öffnen und schließen. Es ist eine Frage der Intention. Sie können auch ausdrücklich beschließen, nur bestimmte Kanäle zu empfangen, genau wie bei einem Fernseher. Niemand kann Sie zwingen, sich unangenehme oder unerfreuliche Dinge anzuschauen. Sie haben die Wahl.

Aktivierung der DNS-Lichtcodierungen 11 und 12

Bei dieser Aktivierung arbeiten wir mit dem siebten DNS-Lichtkörper und dem Kronenchakra als Resonanzkörper. Hier geht es um die Öffnung zum Kosmos und die bewusste Verbindung mit der göttlichen Weisheit.

Erzengel Gabriel unterstützt diesen Prozess. Er ist der Botschafter-Engel, der auch Maria besuchte, um ihr die Geburt ihres Sohnes Jesus zu verkünden. Diese Aktivierung versetzt uns in die Lage, die Botschaften Gottes klar zu verstehen und Klarheit zu bekommen – Klarheit über die nächsten Schritte auf unserem Lichtweg, Klarheit über unsere Fähigkeiten und unsere Aufgaben. Diese Klarheit entsteht durch den Zugang zu höheren Bewusstseinsebenen. Durch die Verbindung mit der göttlichen Weisheit bekommen wir Einsichten und Antworten, auch auf unsere alltäglichen Fragen. Die Bedeutung bestimmter Ereignisse ist uns plötzlich ganz klar. Auf den Seiten 60–75 und 83–96 haben wir an Beispielen (Auto/Haus) eine erste Idee davon bekommen, dass Ereignisse eine tiefere Bedeutung haben können. Die Erklärungen, die dort gegeben wurden, waren eine Art Hilfestellung wie die Stützräder am Kinderfahrrad. Nun geht es nicht mehr um intellektuelles Verständnis, denn über den bewussten Zugang zur göttlichen Weisheit haben wir erkannt, dass alles miteinander verbunden ist. Es ist nicht so, dass uns das Wissen oder die Erkenntnis von außen über das Kronenchakra sozusagen eingetrichtert wird. Das würde nämlich voraussetzen, dass es ein Innen und ein Außen gibt. Doch wenn alles eins ist, kann das gar nicht möglich sein oder?

Um es einfach zu erklären: Stellen Sie sich vor, Sie stellen eine Frage. Auf der Seelenebene erklingt daraufhin ein Ton als Antwort. Dieser Ton hat eine bestimmte Schwingung (Frequenz), und jede Ihrer Zellen geht mit dieser Schwingung in Resonanz: Sie schwingen mit. Die Antwort ist also nicht mehr nur im Außen, sondern erklingt gleichzeitig im Innern und ist auf allen Ebenen Ihres Wesens als Weisheit vorhanden.

Es gibt eine göttliche Ordnung im Kosmos, die auf allen Ebenen Sinn macht. Wenn man Zugang zur göttlichen Weisheit hat, versteht man die Notwendigkeit sämtlicher Schicksalsschläge, Prüfungen und Einweihungen des Lebens. Die Fragen des ängstlichen Egos – Warum ist das gerade mir passiert? Warum gerade jetzt? Womit habe ich das bloß verdient? – stellen sich nicht mehr. Vermutlich werden Sie den Satz *»Ich habe es gewusst«* in Zukunft noch viel öfter sagen. Doch ist hier nicht von intellektuellem Wissen oder sich bestätigenden Ego-Befürchtungen die Rede, sondern von Intuition und Erkenntnis. Aber auch in Situationen, in denen Sie sich der Antwort noch nicht bewusst sind, reagieren Sie nicht mehr ängstlich, sondern wissen, dass Sie die Antwort genau zur richtigen Zeit erhalten werden. Und wenn sich nach der Aktivierung der DNS-Lichtcodierungen 11 und 12 vorübergehende körperliche Symptome zeigen, bleiben Sie ganz ruhig, denn Sie wissen, dass dies wie Muskelkater nach dem Sport lediglich ein Zeichen für Weiterentwicklung und Wachstum ist.

Durch diese Aktivierung wird eine tiefere Ebene der Erkenntnis erreicht. Es ist möglich, dass Ihre Träume von nun an prophetischen Charakter haben, dass Sie also wissen, was in der Zukunft geschieht. Schreiben Sie Ihre Träume auf. Verlassen Sie sich generell auf Ihr Gespür, Ihr Bauchgefühl oder wie immer Sie es nennen wollen. Verlassen Sie sich auf Ihre göttliche Weisheit.

Alle Menschen, die bewusst mit der göttlichen Weisheit verbunden sind, strahlen innere Ruhe und Kraft, Freude und Glückseligkeit aus. Die Veränderungen im elektromagnetischen Feld der Erde während der Phase des Lichts werden unser aller Prozess der Bewusstwerdung und Öffnung zur göttlichen Weisheit zusätzlich unterstützen.

Meditation mit Erzengel Gabriel

Heilige Geometrie: Dodekaeder
Element: Kosmos
Kristall/Mineral: Amethyst, klarer Quarz
Chakra: Kronenchakra
Farbe: Violett
Ton: F, F#

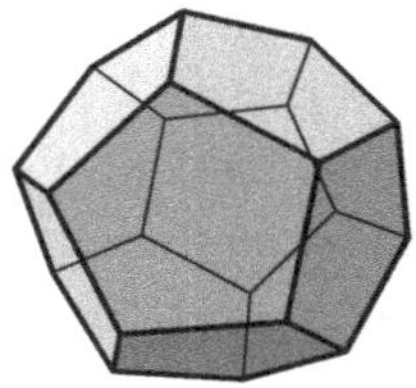

Nehmen Sie die Energie des Symbols in sich auf. Erden Sie sich gut, und stellen Sie sicher, dass Sie in Ihrem goldenen Kokon geschützt und ungestört sind. Wenn Sie einen Amethyst oder Quarzkristall haben, legen Sie ihn oberhalb Ihres Kronenchakras dorthin, wo Sie sich für die Meditation hinlegen. Wenn nicht, können Sie sich jederzeit energetisch mit den entsprechenden Kristallen verbinden, indem Sie sie zu sich einladen. Legen Sie sich dann entspannt auf den Rücken, und schließen Sie die Augen. Versetzen Sie sich nun in einen meditativen Zustand. Atmen Sie dabei tief ein und aus. Lassen Sie sich dafür so viel Zeit, wie Sie brauchen.

Bitten Sie nun Erzengel Gabriel um Unterstützung bei der Aktivierung der DNS-Lichtcodierungen 11 und 12. Visualisieren Sie, wie Sie in einem gemütlichen Liegestuhl am Strand liegen. Die Sonne scheint angenehm warm, und Sie sind ungestört. In der Ferne hören Sie die laute Sirene eines Schiffes, das aus dem nahe gelegenen Hafen ausläuft. Sie schlafen in Ihrem Liegestuhl ein und haben einen Traum, der Sie ganz weit weg führt. Erzengel Gabriel ist Ihr Begleiter.

In Ihrem Traum sind Sie im Amazonasgebiet und gehen gemeinsam mit den indianischen Ureinwohnern durch den Regenwald. Es raschelt in den Bäumen und Büschen um Sie herum, und Sie hören auch noch andere ungewohnte Geräusche. Überall sind seltene Tiere und Insekten zu sehen. Sie sind interessiert, bleiben aber in der Rolle des Beobachters. Nichts kann Sie aus der Ruhe bringen. Auch nicht die große Raubkatze, die Sie und Ihre Begleiter interessiert anschaut. Sie bewahren inneren Gleichmut und ein tiefes Gefühl der Sicherheit. Nach einer Weile erreichen Sie eine Lagerstelle. Ein Feuer brennt. Nehmen Sie Platz an diesem Feuer, und hören Sie den Ureinwohnern Südamerikas zu. Sie erzählen von der Entstehung des Universums und davon, welche Rolle sie selbst im Kosmos spielen. Stundenlang erklären sie, wie die Natur und das Leben auf unserem und anderen Planeten funktionieren. Sie haben Antworten auf alle Fragen. Sehen Sie jetzt, wie Sie dort neben dem Feuer einschlafen, während die Indianer weitererzählen. Sie nehmen dieses ganze Wissen in Ihr Unterbewusstsein auf.

Stunden später erwachen Sie aus diesem Traum. Sie liegen wieder im Liegestuhl am Strand. Sie halten die Augen geschlossen, Sie fühlen sich gut. Die Reise ins Amazonasgebiet war sehr real für Sie. Es kommt Ihnen vor, als sei es gar kein Traum gewesen. Sie können sich an alles erinnern und ruhen sich jetzt noch ein wenig in Ihrem Liegestuhl aus. Bleiben Sie liegen, bis es dun-

kel wird, und schauen Sie dann hinauf zu den Sternen. Die Sterne funkeln und blinken und senden Ihnen ihr kosmisches Wissen. Auch diese Lichtbotschaften nehmen Sie in Ihr Unterbewusstsein auf. Sagen Sie jetzt dreimal laut: »Ich bin die Kraft Gottes für mich. Ich bin göttliche Weisheit. Meine DNS-Lichtcodierungen 11 und 12 sind aktiviert.«

Sie ruhen sich noch eine Weile in Ihrem Liegestuhl aus. Dann kommen Sie in Begleitung von Erzengel Gabriel ganz langsam wieder in Ihren physischen Körper zurück. Es geht Ihnen gut. Sie freuen sich über das Gefühl der Verbundenheit mit allem, was ist. Je öfter Sie diese Meditation machen, desto stärker spüren Sie dieses Gefühl.

In den nächsten Wochen und Monaten werden Sie feststellen, dass Sie Antworten auf viele Fragen haben. Freuen Sie sich, und teilen Sie Ihre göttliche Weisheit mit anderen – immer dann, wenn Sie darum gebeten werden.

Aktivierung der DNS-Lichtcodierungen 13 bis 24

Mit den vorangegangenen acht Meditationen inklusive der Erdung haben wir die DNS-Lichtcodierungen 1 bis 12 aktiviert. Das entspricht einer Energieoktave. Was das ist, kann ich Ihnen am besten am Beispiel der Klaviertastatur erklären. Es gibt weiße Tasten (ganze Töne) und schwarze Tasten (halbe Töne). Die C-Dur-Tonleiter hat von einem C bis zum nächsten acht Tonstufen (c, d, e, f, g, a, h, c). Wenn man die weißen und die schwarzen Tasten zusammenzählt, erhält man zwölf Halbtonschritte – eine reine Oktave. Der dreizehnte Ton ist der erste Ton der nächsten Oktave. Wenn man nun auf dem Klavier die Note C spielt und die Klavierseite zu schwingen beginnt, schwingt die Saite des nächsthöheren C mit. Das liegt daran, dass in dem Grundton C der nächste Oberton C bereits enthalten ist. Er hat die gleiche Frequenz.

Auch unsere Chakren sind in Resonanz mit der Frequenz der ihnen jeweils zugeordneten Töne und Farben. Sie können die Aktivierung der DNS-Lichtcodierungen beispielsweise dadurch unterstützen, dass Sie den entsprechenden Ton auf einer Kristall-Klangschale anschlagen. Dann werden Sie spüren, wie der jeweilige

Ton in Ihren Energiezentren schwingt. Ähnlich wie bei den Tönen gibt es also auch bei den Chakren bestimmte Schwingungsfrequenzen, die entsprechend eingeteilt sind. Diese Einteilungen nenne ich Energieoktave.

Unser Seelenstern ist in Resonanz mit einer ganzen Energieoktave, den DNS-Lichtcodierungen 13 bis 24 und dem achten DNS-Energiekörper. Der Seelenstern ist ein holografisches Spiegelbild der DNS-Lichtcodierungen 1 bis 12. Es entsteht ein Bild, das den DNS-Lichtcodierungen 13 bis 24 entspricht. Wenn wir über den Seelenstern sprechen, sind wir nicht mehr auf der physischen Ebene, sondern auf der Bewusstseinsebene, also in der fünften Dimension. Hadern Sie nicht mit sich selbst, wenn Ihnen dies schwierig nachzuvollziehen scheint. Wahrscheinlich befindet sich Ihr Gehirn gerade in der dritten Dimension.

Im Seelenstern sind alle Elemente (Erde, Feuer, Wasser, Luft) enthalten, doch damit wir als Seele eine physische Erfahrung machen können (riechen, schmecken, hören, fühlen etc.), reflektiert die Seele diese Elemente als getrennt voneinander. Wenn man alles wieder zusammenbringt, haben wir diesen einen Lichtkörper auf der Seelensternebene. Lassen Sie mich kurz an einem Beispiel erklären, was ein holografisches Spiegelbild ist. Kennen Sie die inzwischen etwas altmodischen Postkarten, die mit einer geriffelten Plastikschicht überzogen sind und auch als »Wackelbilder« bezeichnet werden? Wenn man diese Bilder hin und her bewegt, entsteht ein dreidimensionaler Eindruck. Es sieht dann beispielsweise aus, als würden sich die Figuren auf dem Bild bewegen. Die interessanteste Postkarte dieser Art habe ich in einem Andenkenladen im Vatikan gesehen. Darauf war Jesus am Kreuz abgebildet. Je nach Bewegung der Postkarte hatte er entweder die Augen geschlossen (er war also tot), um sie im nächsten Moment wieder zu öffnen und dem Betrachter zuzuzwinkern. Das war natürlich sehr zum Vergnügen der dorthin gepilgerten Touristen. Sogar einige katholische Nonnen haben sich mit diesen 3-D-Jesus-Postkarten köstlich amüsiert und haben das Ganze einfach humorvoll aufgefasst.

Das Interessante am Hologramm ist in unserem Zusammenhang jedoch dies: Wenn man ein Stück eines holografischen Bildes ausschneidet, ist das ganze Hologramm auf diesem kleinen Stück zu erkennen – selbst wenn es nur so groß ist wie ein Stecknadelkopf.

So wie in jeder Zelle unseres Körpers alle Informationen gespeichert sind, die gebraucht werden, damit ein neuer Mensch entstehen kann, sind wir Menschen kleine Zellen des göttlichen Ganzen.

Wir leben in einem holografischen Universum. Das bedeutet, dass wir als kleiner Teil des Ganzen sämtliche Informationen und Muster in uns tragen. Das Muster eines

Hologramms ist in sich komplett und Teil eines noch größeren Musters, welches wiederum ein Teil eines weiteren größeren Musters ist.

Unser holografisches Universum dehnt sich unendlich weit aus. Gleichzeitig ist es mit all seinen Inhalten auch unendlich klein.

In unserem Zusammenhang bedeutet dies, dass die DNS-Lichtcodierungen 1 bis 12 in der höheren Energieoktave (13 bis 24) enthalten sind, welche wiederum in 25 bis 36, 37 bis 48 und 49 bis 64 enthalten ist. Dort hört es zwar nicht auf, aber nach den Informationen der Erzengel ist es für unsere Energieerhöhung ausreichend, mit diesen DNS-Lichtcodierungen zu arbeiten.

Indem wir die entsprechenden Aktivierungen durchführen und damit unsere Energie erhöhen, erhöhen wir auch das Energieniveau des ganzen Planeten Erde. Genauso hat die Energieerhöhung der Erde einen Einfluss auf uns. Unser Bewusstsein ist ebenfalls holografisch.

Wenn sich unser Bewusstsein verändert, verändert sich auch das Bewusstsein des kollektiven Bewusstseinsfeldes, also das Bewusstsein der ganzen Menschheit.

Werden wir uns bewusst, dass wir mit unserer eigenen Gotteskraft, die ein Teil der allumfassenden göttlichen Liebe ist, beeinflussen können, was im gesamten Energiefeld um uns herum sowie im ganzen Kosmos geschieht. Wir sind Mitschöpfer und eins mit allem, was ist.

Indem wir dies erkennen und in das holografische Bewusstseinsfeld senden, geben wir auch anderen Menschen die Möglichkeit aufzuwachen, bewusst zu werden und ihre eigene göttliche Kraft zu aktivieren.

Wir alle sind in einem holografischen Universum durch die Energie der Liebe miteinander verbunden.

Bei der Aktivierung der DNS-Lichtcodierungen 13 bis 24 werden wir von Erzengel Raziel geführt. Sein Name bedeutet »Geheimnisse Gottes«. Er kennt alle universellen Gesetze und verfügt über das Wissen des Kosmos. Erzengel Raziel hat dieses Wissen in einem Buch niedergeschrieben, das er nach der Überlieferung an Adam und Eva weitergegeben hat. Es gibt Texte, aus denen hervorgeht, dass Raziels Buch 1500 Schlüssel zu den Geheimnissen des Universums enthält. Unterschiedlichen Quellen zufolge wurde es über viele Generationen weitergegeben, zum Beispiel an Enoch (später Metatron) und an Erzengel Raphael, der es Noah gab, welcher seine

Arche nach den darin enthaltenen Anleitungen baute. Eine Zeit lang befand es sich im Besitz von König Salomon, doch dann verschwand es. Ich glaube, dass wir alle die Schlüssel aus diesem Buch in uns tragen. Raziel kann uns helfen, wieder bewussten Zugang zu diesem »Buch« zu bekommen.

Meditation mit Erzengel Raziel

Heilige Geometrie: Dodekaeder
Element: Kosmos
Kristall/Mineral: Engel-Aura-Kristall, Herkimer Diamant
Chakra: Seelenstern
Farbe: Ultraviolett
Ton: G, G#

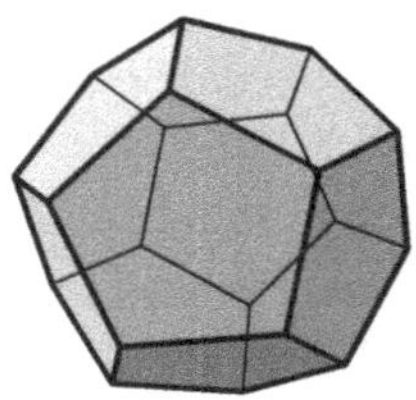

Nehmen Sie die Energie des Symbols in sich auf, und hüllen Sie sich in Ihren goldenen Kokon. Ich empfehle Ihnen außerdem, sich bewusst mit der Energie eines Engel-Aura-Kristalls zu verbinden (z. B. über www.quantumengel.com erhältlich). Sie können sich auch vorstellen, dass sich der Engel-Aura-Kristall im

Erdinneren befindet und Sie energetisch mit ihm in Verbindung treten. Indem Sie Verbindung mit dem Erdinneren aufnehmen, sind Sie automatisch geerdet. Legen Sie sich dazu entspannt auf den Rücken, und schließen Sie die Augen. Atmen Sie tief ein und aus, und versetzen Sie sich in einen meditativen Zustand. Achten Sie bei dieser Aktivierung besonders darauf, dass Sie gut geerdet sind, denn die Energien werden sehr hoch und kraftvoll sein. Lassen Sie sich dafür so viel Zeit, wie Sie brauchen.

Bitten Sie Erzengel Raziel, Sie bei der Aktivierung der Lichtcodierungen 13 bis 24 zu begleiten. Konzentrieren Sie sich beim Einatmen auf den Seelenstern und beim Ausatmen auf den Erdenstern (siehe auch Seite 153 f.).

Visualisieren Sie, wie sich eine wirbelnde Energie um Ihr Körpersystem dreht. Sie changiert transparent in allen Farben des Regenbogens, einschließlich eines leichten Rosa und Ultraviolett. Es ist die Energie von Erzengel Raziel. Dieser Energiewirbel löst Sie von allen anderen Energien in Ihrem Körpersystem, die Sie noch auf der Ebene der dritten Dimension festhalten. Lassen Sie alles los, und spüren Sie, wie Sie immer leichter werden und sich Ihre Energie immer mehr erhöht. Sie sind gut geerdet, merken aber, wie sich Ihr ganzes Wesen immer weiter ausdehnt. Sie fühlen sich plötzlich nicht mehr wie ein kleiner Mensch, sondern sind ganz bewusst in der Energie Ihres Seelensterns auf der Ebene der fünften Dimension. Ihr Seelenstern erscheint Ihnen wie eine riesige Lichtwolke. Alle Geschichten Ihres jetzigen Lebens und vergangener Leben sind darin enthalten. Erzengel Raziel zeigt Ihnen jetzt einen großen

Stein. Sie setzen sich darauf. Der Stein besteht genau wie Sie aus Energie. Sie haben keine Schwere im Körper und empfinden den Stein als bequemes Energiepaket, auf dem Sie Platz genommen haben.

Sehen Sie nun, dass Sie ein Buch in den Händen halten, das Erzengel Raziel Ihnen gegeben hat. Die Seiten dieses Buches sind lebendig und wirken eher wie ein Film, der in diesem Buch abläuft. Und plötzlich merken Sie, dass Sie die Inhalte dieses Buches/Filmes mit Ihren Gedanken verändern können. Blättern Sie weiter in diesem Buch, und machen Sie die Erfahrung, dass Sie auf den Seiten dieses Buches sowohl die Vergangenheit als auch die Zukunft verändern können – allein mit Ihren Gedanken und Gefühlen.

Auf einer Seite dieses Buches ist die Erde abgebildet und mit ihr der ganze Kosmos. Denken Sie bei diesem Anblick: »Es ist alles gut. Es ist alles in göttlicher Ordnung.« Konzentrieren Sie sich auf diesen Gedanken, und geben Sie Erzengel Raziel das Buch zurück. Sie haben ein tiefes Verständnis dafür gewonnen, dass Sie mit allem, was ist, in Verbindung sind. Sagen Sie jetzt dreimal laut: »Ich bin die Kraft Gottes für mich. Die Geheimnisse Gottes sind in mir. Meine DNS-Lichtcodierungen 13 bis 24 sind voll aktiviert.« Atmen Sie dabei tief ein und aus, und senden Sie mit jedem Ausatmen Liebe aus. Diese Liebe breitet sich in Ihrem Seelenstern aus und somit im ganzen Kosmos. Sie empfinden ein tiefes Gefühl der Ruhe und wissen: Ich bin eins mit der ganzen Schöpfung.

Spüren Sie nun die wirbelnde Energie von Erzengel Raziel um sich herum. Auch mit ihr sind Sie eins. Sie sind eins mit diesem

Energiewirbel, der Sie jetzt ganz leicht zurücktransportiert. Ihnen ist klar, dass Sie auf der Erde in einem physischen Körper leben und gleichzeitig als kosmisches Lichtwesen in anderen Dimensionen und Bewusstseinszuständen existieren. Sie haben Ihren göttlichen Teil (HU), Ihre Seele deutlich wahrgenommen. Diese Bewusstseinsebene ist Ihnen von nun an immer zugänglich. Je öfter Sie sich »dort« aufhalten, desto mehr Verständnis haben Sie für alles, was im Universum geschieht. Sie können Erzengel Raziel bitten, Ihnen bei Ihren nächsten Begegnungen weitere Geheimnisse zu offenbaren. – Doch nun nehmen Sie Abschied und bedanken sich bei Raziel. Sie kommen ganz in Ihren physischen Körper zurück, spüren Ihre Verbindung mit dem Seelenstern aber immer noch deutlich und fühlen sich sehr wohl damit.

Sicher wird Ihnen aufgefallen sein, dass Sie in Raziels Buch im Grunde das quantenphysische Feld aller Möglichkeiten gesehen haben. Alles ist im Fluss, alles ist Energie und alles ist veränderbar, und zwar durch Ihre Beobachtungen. Von der Seelensternebene (der fünften Dimension) aus können Sie Ihren persönlichen Teil des Energiebuchs jederzeit verändern, und zwar in alle Richtungen der Zeit und des Raumes. Sie können die Vergangenheit zwar nicht ungeschehen machen, wohl aber ihre negativen energetischen Auswirkungen transformieren. Ihre Gegenwart und Ihre Zukunft können Sie auch durch Ihr Bewusstsein verändern. So entsteht ein neues Hologramm. Voraussetzung dafür ist, dass die Veränderungen zum besten Wohle aller geschehen. Kreieren Sie mit Ihrem Herzen und visualisieren Sie die entsprechenden Bilder.

Aktivierung der DNS-Lichtcodierungen 25 bis 36

Bei dieser Aktivierung arbeiten wir mit dem Sternentor, dem als Energieebene die sechste Dimension entspricht. Hier geht es nicht mehr um das Individuum, denn wir befinden uns außerhalb unserer persönlichen kristallinen Matrix oberhalb des Seelensterns auf jener Einheitsebene, auf der es keine Trennung mehr gibt. Dies ist die Ebene des Christus- oder Buddha-Bewusstseins. Und wie beim Seelenstern sprechen wir hier nicht nur von einem einzigen Chakra, sondern von einer weiteren Energieoktave, die in Resonanz mit dem zehnten DNS-Energiekörper und den DNS-Lichtcodierungen 25 bis 36 ist.

Das Sternentor kann mit dem Geburtskanal verglichen werden, allerdings nicht für den physischen Körper, sondern für die Seele. Bevor eine Seele in einem physischen Körper inkarnieren kann, geht sie durch das Sternentor. Dabei werden die DNS-Lichtcodierungen wie mit einem Lichtschalter auf AUS gestellt. Das heißt: Nach der physischen Geburt haben wir keinen Zugang mehr zu Erinnerungen an frühere Leben, andere Planeten und Galaxien etc. Bei einem Nahtod-Erlebnis geht die Seele durch dieses Sternentor auf die andere Seite und kehrt kurz darauf wieder in den physischen Körper zurück. Anschließend verfügt die betreffende Person oft über sogenannte übersinnliche Fähigkeiten, kann beispielsweise mit Verstorbenen kommunizieren, ist plötzlich hellsichtig und so weiter. Davon haben Sie sicher schon gehört.

Dem kosmischen Geburtskanal wird die Energie des silbernen Strahls und die weibliche beziehungsweise Yin-Energie zugeordnet. Dem goldenen Strahl, den wir noch betrachten werden, wird die männliche Energie zugeordnet. Durch das Sternentor, den weiblichen Geburtskanal, fließen auch die zehn Unterstrahlen: die sieben Farben/Lichtstrahlen des Regenbogens (die Farben der Chakren) sowie Infrarot, Ultraviolett und kosmisches Licht. Aus diesen Lichtfrequenzen wird Materie geboren. Unsere physische Realität entsteht also aus dem Zusammenspiel von Lichtfrequenzen und dem quantenphysischen Feld aller Möglichkeiten.

Aber nicht nur die Seele, sondern auch die Engel und andere Lichtwesen gehen durch das Sternentor, um für uns auf der Erde sichtbar und erreichbar zu sein. Andersherum können wir mit ihnen in Kontakt treten, wenn wir mit unserem Bewusstsein durch das Sternentor in die sechste Dimension gehen. Andere Erfahrungen, die wir dabei machen können, sind beispielsweise Reisen in frühere Leben oder in die Zukunft. Quantum-Engel-Heilung, also die Transformation von Energien mithilfe der Engel, findet ebenfalls auf dieser Bewusstseinsebene statt. Mithilfe der Engel, die sich auf dieser Ebene befinden, werden die energetischen Ursachen von Krankheiten transformiert. So findet auch im physischen Körper, also in der dritten Dimension, Heilung statt. Bei den Ursachen kann es sich beispielsweise um traumatische Erfahrungen aus der Kindheit oder früheren Leben handeln. Wenn eine Veränderung in der Vergangenheit stattfindet, verändern sich auch Gegenwart und Zukunft. Die Quantenphysik erklärt diese phänomenale Möglichkeit, und in meiner Praxis kann ich die wundervollen Ergebnisse von Quantum-Engel-Heilung täglich beobachten. Über den Seelenstern können wir auch in die Zukunft reisen und kommende Ereignisse beeinflussen. Wir sind unabhängig von Raum und Zeit und können uns mit unserem Bewusstsein frei im holografischen Feld bewegen. Auf dieser Ebene haben wir auch Zugang zur Lichtsprache, zu Lichtsymbolen und zur Akasha-Chronik. (Die Akasha-Chronik ist eine ätherische Bibliothek, welche die Lebensbücher aller Menschen enthält.)

Die überwiegend weibliche Energie des Sternentores repräsentiert aus meiner Sicht den weiblichen Teil der Gottesenergien beziehungsweise die Göttinnenkraft, jedoch auf einer wesentlich höheren Ebene als die Energie, die durch das Sakralchakra repräsentiert wird. Es ist der gleiche Ton, aber in einer anderen Oktave (A, A#). Das hier verwendete Symbol steht mit dem Kreis/der Kugel für die ganze Schöpfung. Innerhalb der Schöpfung befindet sich ein Oktaeder, welches den Mond enthält, das Zeichen für die weibliche Energie.

Durch die Aktivierung dieser DNS-Lichtcodierungen wird auch unsere Göttinnenkraft aktiviert. Je öfter Sie die folgende Meditation mit Erzengel Jeremiel machen, desto stärker werden beispielsweise Ihre hellsichtigen und prophetischen Fähigkeiten. Auch die hier aufgeführten Kristalle unterstützen die Aktivierung dieser Fähigkeiten. Lapislazuli wurde genau aus diesem Grund sehr gern von Frauen und Männern im alten Ägypten getragen.

Meditation mit Erzengel Jeremiel

Heilige Geometrie: Oktaeder mit Mond im Kreis der Schöpfung
Element/Planet: Kosmos, Mond
Kristall/Mineral: Opal, Mondstein, Lapislazuli
Chakra: Sternentor
Farbe: Silber
Ton: A, A#

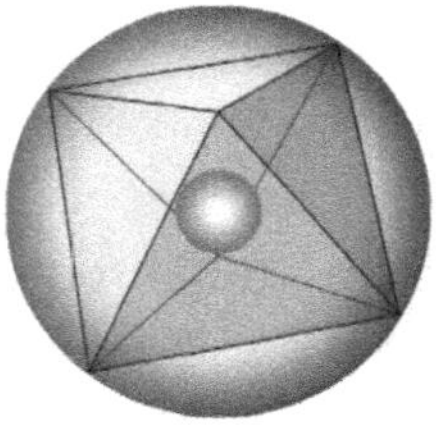

Nehmen Sie die Energie des Symbols in sich auf. Erden Sie sich gut, und stellen Sie sicher, dass Sie in Ihrem goldenen Kokon geschützt und ungestört sind. Legen Sie sich entspannt auf den Rücken, und schließen Sie die Augen. Versetzen Sie sich nun in einen meditativen Zustand. Atmen Sie dabei tief ein und aus. Lassen Sie sich so viel Zeit, wie Sie brauchen.

Verbinden Sie sich mit der Energie von Erzengel Jeremiel, und gehen Sie mit Ihrem Bewusstsein durch das Sternentor. Dazu stellen Sie sich vor, wie Sie in einen Fahrstuhl einsteigen. Sie sehen eine Leiste mit leuchtenden Knöpfen von E bis 6. Drücken Sie den Knopf mit der Zahl 6. Die Tür schließt hinter Ihnen, und Sie sind in Begleitung von Erzengel Jeremiel. Ganz langsam steigt der Fahrstuhl nach oben. Aus dem Lautsprecher erklingt angenehme Musik. Der Fahrstuhl bringt Sie in immer höhere Dimensionen. Sie spüren, wie sich auch Ihre Energie entsprechend erhöht. Atmen Sie ruhig und tief weiter. Jeremiel versichert Ihnen, dass Sie schon sehr oft in diesem Fahrstuhl waren, auch wenn Sie sich vermutlich nicht mehr daran erinnern können. Dieses Mal werden Sie sich an alle Einzelheiten dieser Reise erinnern.

Sie spüren, dass sich die Temperatur ein wenig verändert. Es wird wärmer. Noch einen kleinen Moment, und Sie sind in der sechsten Dimension angekommen. Die Tür öffnet sich, und Sie sehen vor sich eine wunderschöne Landschaft und eine Stadt, die aussieht wie aus der Zukunft. Lichtwesen fahren beziehungsweise fliegen in scheinbar schwerelosen Vehikeln durch die Luft. Erzengel Jeremiel nimmt mit Ihnen in einem dieser Lichtvehikel Platz. Sie bewegen sich nun erstaunlich schnell, mit Lichtgeschwindigkeit, weiter. Bald erreichen Sie eine riesige Anlage, die aussieht wie ein Fußballstadion, aber viel transparenter und lichtvoller ist. Jeremiel zeigt zwei Eintrittskarten vor, und Sie gehen hinein. Im Inneren des Stadions befinden sich viele Tausend Menschen und auch Wesen, die von anderen Planeten dorthin gekommen sind. Sie setzen sich auf Ihren Platz und erkennen plötzlich, dass es sich gar nicht um ein Stadion handelt. Es ist in Wirklichkeit ein riesengroßes Lichtschiff, dessen Dach sich nun über Ihnen schließt. Sie hören einen wunderschönen Gesang und sehen, dass alles um Sie herum aus Spiegelglas ist. Dieses Spiegelglas reflektiert helle silberne Lichtstrahlen. Alles funkelt in silbernem Licht. Sie lauschen dem wunderschönen Gesang, der Sie in einen anderen Bewusstseinszustand versetzt. Plötzlich wissen Sie, wer all die Menschen und Wesen um Sie herum sind und von welchen Sternen sie kommen. Sie erkennen Freunde wieder, die Sie scheinbar seit einer Ewigkeit nicht mehr gesehen haben. Sagen Sie jetzt dreimal laut: »Ich bin die Kraft Gottes für mich. Meine DNS-Lichtcodierungen 25 bis 36 sind voll aktiviert. Ich bin lunare Energie.«

Jetzt bemerken Sie auch, dass Ihr eigener Körper von innen und außen silberfarben strahlt. Das Licht kommt aus all Ihren Zellen. Sie sind das silberfarbene Licht. In diesem Moment der Erkenntnis spüren Sie eine große Freude, denn Sie wissen nun, dass all Ihre alten Freunde und Familienmitglieder mit Ihnen in diesem Lichtschiff sitzen. Es ist wie eine große Wiedervereinigung. Sie können die Gedanken der anderen Menschen lesen und verstehen sofort, wie es ihnen geht und was sie erlebt haben. Es ist ein ganz besonderer, heiterer Austausch. Genießen Sie ihn.

Erzengel Jeremiel erinnert Sie jetzt daran, dass Sie noch einen

Seelenauftrag auf der Erde zu erfüllen haben. Es ist Zeit für die Rückreise. Jeremiel führt Sie aus dem Lichtschiff. Noch immer spüren Sie die große Freude in Ihrem Herzen. Jeremiel bringt Sie zurück zum Fahrstuhl.

Sie steigen ein und drücken Knopf E für Erde. Sie spüren, dass diese Reise Sie verändert hat. Sie wissen jetzt, wie Sie jederzeit auf eine höhere Bewusstseinsebene reisen können. Sie nehmen Abschied und bedanken sich bei Erzengel Jeremiel. Sie fühlen sich gut, sind verjüngt und heiter.

Kehren Sie nun ganz in Ihren physischen Körper zurück, und spüren Sie, dass die weibliche, lunare Energie in Ihrem ganzen Wesen aktiviert ist. Ruhen Sie sich noch ein wenig aus, denn diese Reise war für Ihren physischen Körper recht anstrengend – vergleichbar mit einer sehr langen Flugreise. Sie können diese Reise jederzeit wiederholen, sollten es Ihrem physischen Körper zuliebe aber nicht zu häufig tun.

Aktivierung der DNS-Lichtcodierungen 37 bis 48

Mit dieser Aktivierung begeben wir uns in die siebte Dimension. Diese Bewusstseinsebene bringt uns in Verbindung mit dem goldenen Strahl, einer energetischen Schwingung, die alle universellen Gesetze der Schöpfung als Weisheit beinhaltet. Sicher haben Sie schon vom Gesetz der Anziehung gehört, doch das ist nur eines der sieben hermetischen Gesetze, von denen in dem bekannten esoterischen Buch *Kybalion* die Rede ist. Darüber hinaus gibt es noch eine Vielzahl anderer universeller Gesetzmäßigkeiten, die weder irgendwo aufgeschrieben sind noch sich unserem Verstand einfach mal kurz erklären lassen. Die hier vorgestellte energetische Arbeit macht es jedoch möglich, die universellen Gesetze auf einer bestimmten Bewusstseinsebene zu erfassen.

Auf der siebten Bewusstseinsebene stehen wir nicht nur mit unserem Sonnensystem in Verbindung, sondern mit sämtlichen Sonnensystemen des Universums, die nach bestimmten Gesetzmäßigkeiten arbeiten. Über die energetische Verbindung mit dieser Ebene läuft bei uns ein alchemistischer Prozess ab, der aber nicht materieller, sondern geistiger Art ist. Einfach erklärt: Wir öffnen in der nachfolgenden Meditation mit Erzengel Uriel eine universelle Tür, durch die Informationen (universelle Gesetze der Schöpfung) in unser Bewusstsein fließen. Diese Informationen, die uns in verschiedenen Lichtsprachen und als Lichtsymbole zur Verfügung stehen, kann unser Sternentor (»Geburtskanal«) benutzen, um etwas in unsere Welt zu bringen. Wie als würde man Kuchenrezepte und eine Kuchenform zum Backen nehmen, wird auf den höheren Bewusstseinsebenen Energie in eine Form gebracht, die aber nicht beliebig ist, sondern einer göttlichen Ordnung entspricht. Die Energie des höheren Chakras, mit der unsere DNS-Lichtcodierungen 37 bis 48 während dieser Aktivierung in Resonanz gehen, nenne ich Tor zum Universum oder auch universelles Tor. Durch die Aktivierung haben wir die Möglichkeit, die Begrenzungen des Egos und der dritten Dimension zu verlassen und uns auf eine andere Ebene der Schöpfung zu begeben. Wir betreten das holografische Feld aller Möglichkeiten, das Einheitsbewusstsein, ohne an Zeit und Raum gebunden zu sein. Es ist eine ganz neue Ebene, die höhere Energieoktave der solaren Energie. Diese solare Energie ist männlich (goldener Strahl). Wenn sie unter Berücksichtigung der universellen Gesetze (göttliche Weisheit) mit der weiblichen, lunaren Energie (silberner Strahl) kombiniert wird, ist es möglich, etwas in das eigene Leben beziehungsweise auf die physische Ebene zu bringen. Erinnern Sie sich noch an das Beispiel mit der Tochter, die gern ausgiebig shoppen wollte (siehe Seite 162 f.)? Genau das ist gemeint, wenn ich davon spreche, etwas auf die physische Ebene zu bringen. An dieser Stelle wird lediglich erklärt, was dabei auf der energetischen Ebene passiert und wie man durch Einsatz dieser hohen Energien auf der siebten Bewusstseinsebene zum kraftvollen Mitschöpfer wird.

Es ist möglich, dass Sie während der folgenden Meditation Botschaften in Lichtsprache erhalten oder Lichtsymbole erkennen. Die Lichtsprache kann aber auch als Information durch Ihre Hände fließen, zum Beispiel während einer Quantum-Engel-Behandlung, und dabei einen Heilungsprozess unterstützen. Weiterhin ist es möglich, dass sich Ihre Sprache und Ihr Ausdruck verändern. Die Worte, die Sie sprechen, haben eine bestimmte Schwingung und schaffen ein Resonanzfeld in unserer Umgebung, das sich auch auf die DNS auswirkt. »Im Anfang war das Wort, und das Wort war bei Gott, und Gott war das Wort« steht schon in der Bibel (Johannes 1,1). Durch die Aktivierung der DNS-Lichtcodierungen 37 bis 48 können Sie durch das Tor zum Universum treten und sehr leicht in Kontakt mit anderen Planeten und ihren Bewohnern kommen. Sie können von diesen Bewusstseinsreisen auch etwas mit zurück in diese Dimension bringen, zum Beispiel Informationen, die für Ihren weiteren Lichtweg wichtig sind und Ihnen beim Aktivieren Ihrer potenziellen Fähigkeiten helfen. Erzengel Uriel unterstützt Sie dabei. Vielleicht werden Ihnen neue Heiltechniken gezeigt oder Symbole erklärt, die eine positive Wirkung auf diese Ebene und das irdische Leben haben.

Wenn Sie die Meditationen in diesem Buch regelmäßig machen, wird Ihr Körper wie ein Musikinstrument so gestimmt, dass Sie in der physischen Form eine immer höhere Schwingung halten können. Auf der siebten Bewusstseinsebene finden Sie die Antworten auf all Ihre Fragen, und Sie haben die Möglichkeit, Ihre Zukunft selbst zu gestalten – zu Ihrem eigenen Wohl und zum besten Wohle aller.

Wir tragen das Wissen der ganzen Schöpfung in uns, denn wir sind ein Teil davon.

Erzengel Uriels Name bedeutet »Gott ist Licht« oder »Licht Gottes«. Er ist Meister der universellen Gesetze. Seine Energie hilft uns, die Mysterien des Universums zu verstehen. Auch das Verstehen der Lichtsprache, von Lichtsymbolen und alten heiligen Texten wird durch die Energiearbeit mit Erzengel Uriel unterstützt.

Meditation mit Erzengel Uriel

Heilige Geometrie: Oktaeder mit Sonne im Kreis der Schöpfung
Element/Planet: Sonne, Universum
Kristall/Mineral: Citrin, Sternrubin
Chakra: Universelles Tor
Farbe: Gold
Ton: B, B#

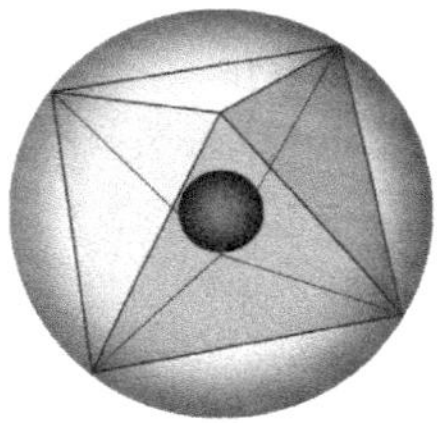

Nehmen Sie die Energie des Symbols in sich auf. Erden Sie sich gut, und stellen Sie sicher, dass Sie in Ihrem goldenen Kokon geschützt und ungestört sind. Legen Sie sich auf den Rücken, und schließen Sie die Augen. Versetzen Sie sich nun in einen meditativen Zustand. Atmen Sie dabei tief ein und aus. Lassen Sie sich so viel Zeit, wie Sie brauchen.

Verbinden Sie sich mit der Energie von Erzengel Uriel. Visualisieren Sie vor Ihren Füßen kleine Tropfen aus goldener Lichtenergie. Diese goldenen Tropfen enthalten die Information, wie Sie auf die siebte Bewusstseinsebene gelangen. Folgen Sie den Tropfen wie einer Spur auf der Erde.

Die Tropfen werden allmählich immer größer. Sie werden zu Pfeilen, die Ihnen wie Wegweiser die Richtung zeigen. Folgen Sie den goldenen Lichtpfeilen. Vor sich sehen Sie nun zwei goldene Fußabdrücke auf dem Boden. Stellen Sie sich mit Ihren Füßen auf diese beiden Fußabdrücke und treten Sie damit in die Energie des goldenen Strahls. Atmen Sie weiter tief ein und aus. Jetzt ist es, als würde der Boden unter Ihren Füßen vibrieren, und die goldene Energie fließt durch Ihre Fußchakren in Ihr ganzes Wesen. Diese goldene Energie breitet sich wie eine Wolke um Sie herum aus. Sie sind in dieser goldenen Energie eingehüllt und von ihr durchdrungen. Nun beginnt sich diese Energie wie ein Strudel zu drehen. Sie stehen mitten in diesem Energiestrudel, der sich immer mehr beschleunigt und Sie nun wie ein Wirbelsturm mitnimmt und immer höher steigen lässt. Mit dieser golden wirbelnden Energie fliegen Sie höher und immer höher – bis ins Zentrum des Universums. Dort hören Sie ganz unterschiedliche Klänge und Töne. Es ist, als murmele das Universum, als spreche es mit Ihnen. Sie nehmen auch die Stimmen anderer Planeten und ihrer Bewohner wahr, bis Sie plötzlich eine ganz klare Botschaft hören: »Komm hierher!« Es ist die Stimme von Erzengel Uriel. Er führt Sie zu einem großen, hellgoldenen Lichttor und bittet Sie einzutreten. Bleiben Sie zunächst noch kurze Zeit im Torbogen stehen, und machen Sie erst dann einen weiteren Schritt vorwärts – über die Schwelle des universellen Tores auf die andere Seite. Jenseits des Lichttores ist es still. Sie befinden sich in einer anderen Dimension. Es ist, als schwebten Sie ganz langsam und schwerelos durch das Weltall. Sie sehen die Energie Ihrer eigenen Gedanken, die wie kleine Lichtwellen und Lichtblitze von Ihrem Kopf ausgesendet werden. Jeder Gedanke erzeugt eine Resonanz. Sie können sofort manifestieren, was Sie gerade denken.

Seien Sie wachsam, und denken Sie bewusst nur einzelne, einfache Gedanken, zum Beispiel: Regen. *In dem Moment, wo Sie* Regen *denken, hören Sie schon das Geräusch des Regens und fühlen gleichzeitig die Nässe auf Ihrer Haut. Denken Sie nun den Satz:* Ich bin die Kraft Gottes für mich. Ich bin solare Energie. Meine DNS-Lichtcodierungen 37 bis 48 sind aktiviert. *Sie brauchen es nur einmal zu denken, schon ist es geschehen.*

Fühlen Sie, was es bedeutet, die Kraft Gottes in sich zu spüren, und fühlen Sie auch, wie die Aktivierung der DNS-Lichtcodierungen Ihr ganzes Wesen in eine feine Schwingung versetzt. Denken Sie jetzt: Ich bin die Kraft Gottes für mich, und ich bin heil und gesund. *(In einer anderen Meditation können Sie die zweite Hälfte dieses Satzes verändern und somit Mitschöpfer sein.)*

Bleiben Sie noch ein Weile in diesem Bewusstseinszustand, und genießen Sie die innere Ruhe, die Sie dabei spüren. – Dann hören Sie, wie Erzengel Uriel sagt: »Es ist Zeit zurückzugehen.« Er zeigt Ihnen die Erde, und wie durch ein Zoomobjektiv sehen Sie sie immer näher kommen, bis Sie den Ort erkennen können, von dem Sie gekommen sind. Sehen Sie nun Ihren physischen Körper, und gehen Sie mit Ihrem Bewusstsein wieder ganz in ihn zurück. Bitten Sie Erzengel Uriel, die Schwingung Ihres physischen Körpers zu erhöhen, damit Sie mit all Ihren Körpern in gleich schwingender Harmonie sind. Fühlen Sie nun Ihre Hände und Finger, Füße und Zehen. Fühlen Sie Ihren ganzen physischen Körper. Lassen Sie sich Zeit, und öffnen Sie die Augen erst wieder, wenn Sie ganz im Körper angekommen sind.

Sie haben von Ihrer Reise die Fähigkeit mitgebracht, allein mit Ihren Gedanken zu manifestieren. Bedanken Sie sich bei Erzengel

Uriel, Ihrem Begleiter, und schreiben Sie auf, was Sie erlebt haben. Denken Sie nicht groß darüber nach, sondern lassen Sie die Worte und/oder Symbole einfach fließen. Lesen Sie den Text erst am nächsten Tag. Es kann sein, dass Sie nicht alles verstehen, was Sie aufgeschrieben haben. Doch seien Sie gewiss, dass Ihre Seele ganz genau weiß, was gemeint ist. Freuen Sie sich darüber.

Aktivierung der DNS-Lichtcodierungen 49 bis 64

In der letzten Meditation haben wir erlebt, wie unsere Gedanken in Form von Lichtwellen und Lichtblitzen ausgesendet wurden und sich spontan manifestiert haben. Aus einer Welle wird Materie, und zwar durch uns als Beobachter. Das genau ist es, was die Quantenphysiker wissenschaftlich bewiesen haben. Dieses Wissen ist natürlich nicht neu, nur weil es die Quantenphysiker mittlerweile durch ihre Versuche erklären können. Es ist so alt wie die Schöpfungsgeschichte selbst, was wir unter anderem dem Alten Testament entnehmen können: »Am Anfang schuf Gott Himmel und Erde. Und die Erde war wüst und leer, und es war finster … Und Gott sprach: Es werde Licht! Und es ward Licht.« (1 Mose 1,2). Wir kennen auch den Spruch: »Dem ist endlich ein Licht aufgegangen.« Auch darin kommt das Prinzip der Schöpfung zum Ausdruck.

Doch auf welcher Bewusstseinsebene wir wirklich kreieren, wurde bisher weder verständlich erklärt noch durch eine Meditation erlebbar gemacht. Warum es so wichtig ist, die eigene göttliche Kraft zu nutzen, und wie man das macht, ist heiliges, lange geheim gehaltenes Wissen, das in unserer modernen Gesellschaft bewusst nicht in Schulen verbreitet wird. Wo kämen wir denn hin, wenn alle Menschen frei wären und ihre eigene göttliche Kraft nutzen würden?

Das »Wort Gottes« ist auch nicht wie unsere gewohnte Sprache zu verstehen. Zuerst war ein Gottesbewusstsein vorhanden, dann ein Gedanke, der eine entsprechende Schwingung erzeugte. Durch die Schwingung entstand eine Lichtwelle oder Lichtsprache, die hauptsächlich in sechs verschiedene Richtungen ausgesendet wurde (oben, unten, vorn, hinten, links, rechts). Diese Schwingung erzeugte eine entsprechende Resonanz im Raum. Dadurch wurde der göttliche Funke entzündet *(»es hat gefunkt«)* und Materie entstand. Der Gedanke hatte sich manifestiert.

In diesem Zusammenhang möchte ich noch einmal auf die Bedeutung der heiligen Geometrie eingehen. Wenn sich die ausgesendete Energie des Wortes Gottes in sechs Richtungen ausdehnt und man diese Energiewellen als Linien darstellt und miteinander verbindet, entsteht ein dreidimensionales Oktaeder – vergleichbar mit einem dreidimensionalen Diamanten. Wenn man sich dann vorstellt, wie sich das Oktaeder durch die Bewegungen im Universum schnell um eine seiner Achsen dreht, entsteht eine Sphäre. Männliche und weibliche Energien verschmelzen und bilden eine Einheit. Die männlichen Energien entsprechen den geraden Linien, die weiblichen den kurvigen. Diese Sphäre wird in der chinesischen Kultur durch das Ying-Yang-Symbol repräsentiert. Diese Sphäre, die zweidimensional wie ein Kreis aussieht, wird durch die von Gott ausgesendete Energie (Wort Gottes, Schwingung, Licht, Materie) wie eine Spiegelung verdoppelt. Dadurch kann sie sich selbst erfahren – so wie wir in der Tat ein Spiegelbild Gottes sind. Das ist wichtig zu verstehen, damit wir mit diesem Bewusstsein wirklich unsere Gottesenergie erkennen und erfahren können.

Wenn sich diese Sphäre (Kreis) oder, genauer gesagt, diese energetischen Schwingungen verdoppeln, entsteht eine Figur, die man *Vesica Pisces* nennt. In Abbildungen wird das oft ohne Erklärung als zwei sich schneidende Kreise mit einer Schnittmenge dargestellt. Bei der Entstehung der ersten Schöpfung sind es aber keine zwei unterschiedlichen Kreise. Das ist auch in der Bibel beschrieben: Eva ist aus der Rippe Adams entstanden. Es ist die erste Schöpfung (Spiegelung) aus ein und demselben durch das Wort Gottes.

Die *Vesica Pisces* repräsentiert darüber hinaus Himmel und Erde, oben und unten, Schöpfer und Schöpfung. Die Vorstellung von Dualität ist jedoch auf den höheren Bewusstseinsebenen (Einheitsbewusstsein) nicht mehr relevant. In der ägyptischen Mythologie wird die *Vesica Pisces* auch als Auge des Horus bezeichnet. Wir kennen sie als das Auge Gottes, aus dem das erste Licht entsandt wurde. Auch bei der Verschmelzung der männlichen Samenzelle mit der weiblichen Eizelle entsteht eine *Vesica Pisces*, bevor weitere Zellteilung stattfindet (aus zwei werden vier, aus vier 16, 32 und so weiter). Wenn man dies in einem Muster darstellt, erhält man die sogenannte Blume des Lebens – die Schöpfungsmatrix, die »Kuchenform« der Schöpfung. Das Symbol der Blume des Lebens findet man in Tempeln, in Kirchen und an den heiligen Orten fast aller Kulturen.

Für mich persönlich hat die Blume des Lebens eine ganz tiefe Bedeutung. Als ich noch sehr klein war und gerade einen Stift halten konnte, habe ich für alle Menschen, die ich besonders mochte, eine Blume gemalt. Später als Teenager habe ich die Blume als meine persönliche Unterschrift benutzt. Wenn ich im Urlaub mit meinen Eltern Kirchen oder andere heilige Orte besichtigte, sagten sie oft: »Schau mal, da ist ja auch deine Blume abgebildet!« Sie wussten, es war »mein« Zeichen. Doch zu dieser Zeit wussten weder meine Eltern noch ich, dass es sich dabei um die Blume des Lebens handelte. Die Bedeutung dieses Symbols war mir als Kind nur auf der Seelenebene bewusst und gelangte erst später durch das Training mit meinem kosmischen Lehrer Melchizedek auf andere Bewusstseinsebenen.

Die Blume des Lebens ist auch in dem auf Seite 272 abgebildeten Symbol enthalten, das sich Metatrons Würfel nennt. Metatrons Würfel enthält alle platonischen Körper (sie symbolisieren die Elemente Feuer, Erde, Wasser, Luft und Kosmos) sowie 13 Kugeln, das heißt: Zwölf Kugeln sind um eine in der Mitte liegende Kugel angeordnet. Die 13. Kugel markiert den Beginn des nächsten Zyklus. Auch mit der Aktivierung der DNS-Lichtcodierungen 49 bis 64 beginnt ein neuer Zyklus, und wir begeben uns auf eine neue Bewusstseinsebene in der achten Dimension. Dabei arbeiten wir mit dem elften Energiekörper der DNS. Mit unserem Bewusstsein gehen wir durch das kosmische Tor, das zwölfte Chakra, das hier durch Metatrons Würfel symbolisiert ist. So gelangen wir zu einem Nullpunkt-Feld, das auch als Vakuum oder Quantenwirbel bezeichnet wird und aus dem alle Teile der Schöpfung entstanden sind – auch der silberne und goldene Strahl, deren Bedeutung ich schon dargestellt habe.

Im Grunde habe ich Ihnen hier in wenigen Worten die Geheimnisse des Universums erklärt. Lassen Sie diese Erklärungen einfach auf sich wirken, auch wenn sie Ihre linke Gehirnhälfte möglicherweise ein wenig angestrengt haben.

Die folgende Meditation mit Erzengel Metatron wird Ihnen helfen, sie auch auf anderen Ebenen zu erfassen. Sie werden Ihre eigene Gotteskraft/Göttinnenkraft erfahren, in welcher die Kräfte der Erde, der Luft, des Feuers, des Wassers und des Kosmos enthalten sind. Sie erfahren die Kraft des HU und werden sich bewusst, dass Sie als Teil der Schöpfung mit allem eins sind.

Meditation mit Erzengel Metatron

Heilige Geometrie: Metatrons Würfel
Element/Planet: Kosmos
Kristall/Mineral: Fluorit, Selenit
Chakra: Kosmisches Tor
Farbe: Kosmisches Licht
Ton: C, C#

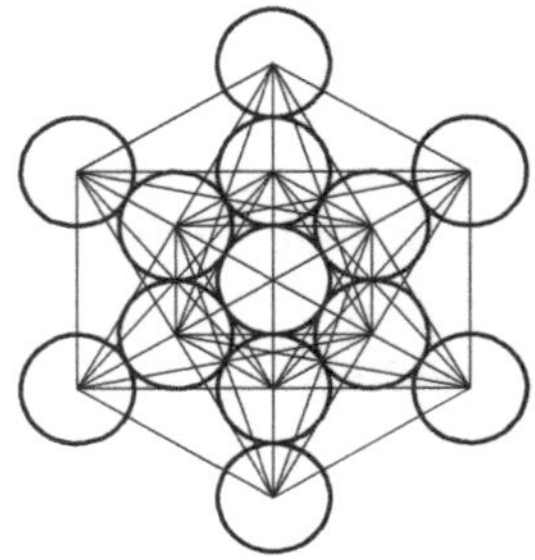

Machen Sie diese Meditation an einem Tag, an dem Sie hinterher noch genügend Zeit haben, um sich auszuruhen und die hohen Energien über Ihren physischen Körper in der Erde zu verankern. Stellen Sie sicher, dass Sie ungestört sind, und bereiten Sie sich wie immer mit energetischer Reinigung, guter Erdung und energetischer Schutzhülle (goldener Kokon) auf diese Meditation vor. Nehmen Sie dann die Energie des Symbols in sich auf. Es ist, anders als die bisher behandelten Symbole, zweidimensional abgebildet, denn hier entstehen die unterschiedlichsten Räume (Mehrdimensionalität) im Auge des Betrachters.

Legen Sie sich nun entspannt hin, und schließen Sie die Augen. Atmen Sie tief ein und aus, und versetzen Sie sich in einen meditativen Zustand. Lassen Sie sich dafür so viel Zeit, wie Sie brauchen.

Bitten Sie Erzengel Metatron um seine Unterstützung bei der Aktivierung der DNS-Lichtcodierungen 49 bis 64.

Sie hören in der Ferne ganz leise die Klänge einer Violine. Schließen Sie die Augen, und lauschen Sie dieser wunderbaren Musik. Ihr Bewusstsein spielt mit den Tönen, und Sie erkennen, wie sie sich ringförmig immer weiter ausdehnen, bis sie die ganze Erde umfassen. Jetzt sehen Sie die Erde, diesen wunderschönen blauen Planeten, von oben. Sie entfernen sich immer weiter von der Erde und lassen sich von Erzengel Metatron durch den Kosmos begleiten. Sie sehen die Milchstraße und die Plejaden mit ihrer Sonne Alkione. Auch dieses Bild wird in Ihrem Inneren immer kleiner. Sie entfernen sich immer weiter und kommen bei der Urzentralsonne an, am Mittelpunkt unserer Galaxie. Dort öffnet sich eine Tür – das kosmische Tor, durch das Sie in das Innere der Urzentralsonne gelangen.

Sie befinden sich in einem angenehm dunklen Raum und werden sofort an das Gefühl erinnert, das Sie als Kind im Mutterleib hatten. Sie fühlen sich geborgen und geschützt. Sie haben keine Gedanken. Sie sind Bewusstsein. Ihr Bewusstsein kann sich unbegrenzt ausdehnen, auch über diesen Raum hinaus. Es ist, als würde dieser Raum mit jedem Ihrer Atemzüge größer, als dehne er sich aus. Er ist grenzenlos. Nehmen Sie jetzt war, dass die Erde in Ihrem Inneren ist und die Milchstraße und der ganze Kosmos. Alles ist in Ihnen. Fühlen Sie, dass innen und außen ein und dasselbe sind. Fühlen Sie, wie Sie sich immer weiter ausdehnen und wie sich auch der Kosmos in Ihnen ausdehnt.

Nehmen Sie jetzt die enorme Kraft in Ihrem Inneren wahr. Sehen Sie, wie diese Kraft explodiert und neue Galaxien in Ihnen entstehen. Es gibt keine Grenzen, es gibt keinen Anfang und kein Ende. So wie das Meer Ihren physischen Körper trägt, trägt die Energie des unendlichen Kosmos Ihren Geist, Ihr Bewusstsein. Die ganze Schöpfungsgeschichte läuft in diesem Moment in Ihnen ab. Und Sie wissen, dass dies noch unendlich viele Male geschehen wird. Im Vergleich zu Ihrer eigenen Größe kommt Ihnen die Erde jetzt ganz klein vor, klein wie eine Zelle des physischen Körpers. Sie fühlen den Puls des Kosmos, synchron mit Ihrem eigenen Herzschlag. Sie wissen genau, was die Worte Ich bin die Kraft Gottes für mich *bedeuten. Sie wissen, dass Sie ein unbegrenztes Wesen sind. Sie wissen, dass Ihre DNS-Lichtcodierungen 49 bis 64 und darüber hinaus aktiviert sind. Sie sind sich dessen einfach bewusst. Genießen Sie das Gefühl der Unendlichkeit, der Freiheit und des Friedens. Spüren Sie, dass in Ihnen etwas Neues entsteht. Blicken Sie jetzt mit Ihrem geistigen Auge auf Metatrons Würfel. Wenn Sie genau hinschauen, erkennen Sie dieses Symbol überall um sich herum und in allem, was ist.*

Bringen Sie Ihr Bewusstsein nun durch das Zentrum dieses Symbols zurück in die anderen Dimensionen – zurück in unser Universum, unsere Milchstraße, zurück zur Erde, zurück in Ihre Stadt, Ihr Haus, zurück in Ihren physischen Körper. Spüren Sie dabei jedoch deutlich, dass Ihr physischer Körper ein Abbild des holografischen Kosmos ist. Er ist in Ihnen, und Sie sind ein Teil von ihm.

Ihre Energie hat sich um ein Vielfaches erhöht. Nehmen Sie sich Zeit, um diese Meditation langsam ausklingen zu lassen. Las-

sen Sie die Augen noch eine ganze Weile geschlossen. Erzengel Metatron bleibt an Ihrer Seite und überwacht alle Abläufe in Ihrem Körper. Er sorgt dafür, dass alles in göttlicher Ordnung ist.

Sie fühlen sich in den nächsten Tagen zunehmend wohler und entwickeln eine immer größere Gelassenheit gegenüber jenen alltäglichen Dingen, über die Sie sich früher vielleicht aufgeregt haben. Alles in Ihrem Leben bekommt einen ganz neuen Stellenwert und eine andere Wertigkeit. Sie tragen Ruhe, Frieden und Liebe in sich.

Zum Zeichen Ihres neuen Bewusstseins können Sie sich Metatrons Würfel zum Beispiel als Bild in Ihr Zimmer hängen oder klein auf einen Zettel aufmalen, den Sie immer bei sich tragen.

Die Ausrichtung der Planeten in der Phase des Lichts findet nicht nur im Außen statt, sondern auch in meinem Innern. Ich bin der schöpferische Kosmos.

Wir haben die Kraft, unsere Welt zu verändern

Unsere Gotteskraft ist das Geschenk, das wir in diese Welt mitgebracht haben. Und indem wir die DNS-Lichtcodierungen aktivieren, packen wir dieses Geschenk sozusagen aus. Es liegt allein an uns, ob wir es annehmen und im Alltag einsetzen oder ob wir es in eine Schublade legen und dort vergessen.

Wir haben im vorangegangenen Kapitel betrachtet, wie unsere DNS das Feld aller Möglichkeiten beeinflusst, und ausführlich erläutert, wie unser Bewusstsein, unsere Gedanken und unsere Emotionen die Funktionen der DNS verändern können. Und damit verändern wir unsere Welt. Anstatt in Angst zu verharren und abzuwarten, was Schlimmes passieren könnte, erkennen wir unsere eigene Kraft. Und das wirkt sich unmittelbar sowohl auf das Leben auf der Erde als auch auf den ganzen Kosmos aus.

Wir können die Probleme in unserem Umfeld lösen, indem wir sie in uns selbst lösen.

Mit der Aktivierung der DNS-Lichtcodierungen haben wir das Ende unseres Weges noch nicht erreicht, denn nun geht es darum, dieses Geschenk regelmäßig anzuwenden. Dazu empfehle ich tägliche oder wenigstens wöchentliche Meditationen. Erden Sie sich gut, erhöhen Sie Ihr Bewusstsein und gehen Sie in Resonanz mit dem kosmischen Tor. Erkennen Sie, dass der Kosmos in Ihnen ist und dass Sie eins mit dem Kosmos sind. Wenn Sie Probleme irgendwelcher Art haben, lösen Sie diese in sich selbst. Dann werden sie in dem, was wir als das Außen bezeichnen, nicht mehr existent sein. Und weil alles, was Sie auf dieser Bewusstseinsebene bewirken, sehr kraftvoll ist, werden Sie merken, dass die Veränderungen in Ihrem Umfeld sehr schnell deutlich werden.

Ziel aller Einweihungswege, aller Mysterienschulen, aller schamanischen Ausbildungen ist es, eins zu werden mit den Elementen und dem Kosmos. Wer das erreicht hat, kann sogar auf glühenden Kohlen stehen oder über Wasser gehen. Ich empfehle Ihnen nicht, so etwas auszuprobieren, sondern zeige lediglich einzelne Bereiche aus dem großen Feld der Möglichkeiten auf. Wenn Sie das Gottes- oder Einheitsbewusstsein erreicht haben, können Sie alle vermeintlichen Hindernisse überwinden. Es ist jedoch nicht erstrebenswert, nur noch in höheren Sphären zu schweben, denn dann läuft man Gefahr, auf der Erde nicht mehr zu funktionieren. Es gibt »Erleuchtete«, die sich ständig im Zustand der geistigen Glückseligkeit befinden und sich weder selbst anziehen können noch für andere irdische Dinge zu gebrauchen sind, weil ihnen die Erdung fehlt.

Die Übungen und Meditationen in diesem Buch geben Ihnen die Möglichkeit, ein aufgestiegener Meister im Gottesbewusstsein zu werden, der sein Leben auf Erden meistert.

Es erfordert, besonders zu Anfang, einige Übung, dieses Bewusstsein zu erreichen und dauerhaft zu halten. Dies wird auch während der traditionellen indianischen Visionssuche (*Vision Quest*) trainiert, auf der vier Tage lang weder gegessen noch getrunken werden darf. Einige Teilnehmer müssen die Visionssuche schon nach zwei Tagen abbrechen, weil sie diese Strapazen aufgrund ihrer körperlichen Verfassung nicht länger aushalten können. Man kann nun sagen, es sei unmöglich, vier Tage ohne Wasser auszukommen. Jeder »normale Mensch« würde verdursten. Wie schaffen es die Indianer, während der Visionssuche nicht zu verdursten? Sie begeben sich auf eine Bewusstseinsstufe, auf der sie erkennen, dass sie eins mit einem Fluss sind – Teil des Flusses. Und als Teil des Flusses werden sie niemals Durst erfahren.

Es mag sein, dass es Sie nicht reizt, an einer Visionssuche teilzunehmen, aber dieses Wissen können auch Sie ganz praktisch anwenden. Für einige Leser mag die in den Medien propagierte Finanzkrise Realität sein, und das ist durchaus vergleichbar mit dem Verdursten während einer Visionssuche. Erhöhen Sie Ihr Bewusstsein, und begeben Sie sich in einer Meditation in den strömenden Fluss der Finanzen. Ich verspreche Ihnen, Sie werden finanziell nicht verdursten. Das Gleiche gilt für den Fluss der Liebe: Wenn Sie jeden Tag in ihm baden, wird Ihr Leben von Liebe erfüllt sein. Ein liebevolles, erfülltes Leben wünsche ich Ihnen und uns allen für die neue Zeit des Lichts.

Literatur

Braden, Gregg: *The God Code. Das Geheimnis in unseren Zellen*, Koha, Burgrain 2004

Byron, Katie: *Lieben was ist. Wie vier Fragen Ihr Leben verändern können*, Goldmann, München 2002

Dispenza, Joe: *Evolve your Brain*, Health Communications Inc, 2007

Griscom, Chris: *Zeit ist eine Illusion*, Goldmann, München 2002

Hawkins, David R.: *Power vs. Force*, deutsch: *Die Ebenen des Bewusstseins. Von der Kraft, die wir ausstrahlen*, VAK, Kirchzarten 2002

Lipton, Bruce: *Intelligente Zellen*, Koha, Burgrain 2006

McTaggart, Lynne: *The Field*, deutsch: *Das Nullpunkt-Feld. Auf der Suche nach der kosmischen Ur-Energie*, Goldmann, München 2008

Mora, Eva-Maria: *Quantum-Engel-Heilung* (mit CD), Ansata, München 2006

Mora, Eva-Maria: *Quantum-Engel-Liebe* (mit CD), Ansata, München 2007

Mora, Eva-Maria: *Quantum-Engel-Kinder* (mit CD), Ansata, München 2008

Narby, Jeremy: *Die kosmische Schlange*, dtv, München 2004

Pert, Candace B.: *Moleküle der Gefühle*, Rowohlt TB, Reinbek 2001

Sebastian, Nicole und Michael: *Just say HU*, E-Book www.justsayhu.com, 2008

Talbot, Michael: *Holographic Universe*, deutsch: *Das holographische Universum. Die Welt in neuer Dimension*, Droemer Knaur, München 1994

Ti Tonisa Lama, *Das Felsenkloster*, Ch. Falk, Seeon 1994

Über die Autorin

Eva-Maria Mora ist gebürtige Deutsche und lebt mit ihrem amerikanischen Ehemann in den USA und in Europa. Schon sehr früh begann sie, sich für Spiritualität und Esoterik zu interessieren. Nach dem Studium der Wirtschaftswissenschaften und Anglistik, das sie jeweils mit dem Diplom abschloss, arbeitete sie zunächst zehn Jahre lang als Top-Management-Beraterin in ganz Europa. Eine lebensbedrohliche Krankheit und die Begegnung mit einem Engel veranlassten sie, ihr Leben zu ändern. Seit den 1990er-Jahren beschäftigte sie sich intensiv mit alternativen Heilweisen und machte eine Ausbildung zur Heilpraktikerin.

Eva-Maria Mora ist Begründerin der Quantum-Engel-Heilung® und bildet weltweit Quantum-Engel-Heiler aus. Diese neue Heilmethode basiert auf den Grundlagen der Quantenphysik und der Energieheilung mit Engeln. Eva-Maria Mora gibt Einzelsitzungen, hält Vorträge und leitet Workshops in den USA und in Europa. In sogenannten Quantum-Engel-Readings und entsprechenden Coachings wirken die Engel durch sie, um den

Menschen mit Rat, Hilfe und Heilung zu Diensten zu sein.

Mithilfe der Engel und gemeinsam mit ihrem Ehemann Michael entwickelte Eva-Maria Mora das Konzept der Quantum-Engel-Liebe. Es beschreibt eine neue Dimension der Liebe und bietet Heilung und Inspiration für liebevolle, spirituelle Partnerschaften. Eva-Maria Mora engagiert sich ehrenamtlich für Lichtkinder und organisiert zusammen mit dem gemeinnützigen Lichtkinderverein LKK e. V. die Lichtkinderkonferenz. Ihr persönlicher Herzenswunsch ist es, Lichtkinder bei der Erfüllung ihres Seelenauftrags zu unterstützen, der darin besteht, mehr Licht und Liebe in diese Welt zu bringen.

Kontakt: www.quantumengel.com
www.lichtkinderkonferenz.de

Engelbotschaften für die Kinder einer neuen Zeit

Eva-Maria Mora
Quantum-Engel-Kinder

320 Seiten
ISBN 978-3-7787-7342-0

1 CD, Laufzeit: 64 Minuten
ISBN 978-3-7787-7343-7

Ansata